Fröhlich Feste feiern

Mit der leiblichen Kost allein wird aus einem Abend noch lange kein Fest.

1979

die
zauber-
truhe
Wurzener
instant
HAFERMEHL
forum Außenhandelsgesellschaft m. b. H.
Scheck über
HUNDERT MARK
zum Erwerb von Waren
Der Scheck ist vorgesehen für die Verrechnung in Einrichtungen der „Forum"-Außenhandelsgesellschaft m. b. H.
AC 910959
100
Anis
Pfefferminz
Eukalyptus
Goldeck
VITAMIN C
mit Menthol
DROPS
Koffeinhaltiges Kolagetränk
STERN COLA
0.65 M
LINDENBERG
KÜHL SERVIEREN
Wermut
Getränk
VEB STADTKELLEREI LEIPZIG

Ute Scheffler

Fröhlich Feste feiern

Das ultimative DDR-Feten-Buch 1949-1989

VERLAG FÜR DIE FRAU
BUCH

ISBN 3-89798-103-3

Titelgestaltung: Paxmann/Teutsch Buchprojekte, München
Layout/dtp-Satz: Dr. Scheffler & Partner, Leipzig
Fotos und Illustrationen: Archiv des Verlages, Archiv der Autorin,
Fotoarchiv Pietsch, Privat
Druck und buchbinderische Verarbeitung:
Jütte-Messedruck Leipzig GmbH
Printed in Germany

Inhalt

Der DDR-Bürger an sich hätte ohne gelegentliche Feierei nicht existieren können. Feiern gehörte zum Alltag wie der Dederonbeutel in der Manteltasche. Man feierte mit der Familie, mit Freunden, Bekannten, Kollegen, mit der Brigade, der Hausgemeinschaft, den Genossen, im Verein der Kleingärtner und Kleintierzüchter ... dem Einfallsreichtum waren keine Grenzen gesetzt. Selbst die Kleinsten feierten Kindertag, Zuckertütenfest, Pioniergeburtstag und manches mehr. Sogar die Veteranen der Arbeit trafen sich im Klub der Volkssolidarität zu Tanz und Lustbarkeit. Und wenn den Bürgern die Ideen ausgingen, sorgte die Partei- und Staatsführung nicht unbedingt für Brot und Spiele, aber doch für eine Vielzahl von Fest- und Feiertagen.
Da gab es den Tag der Mitarbeiter des Handels, den Lehrertag, den Internationalen Frauentag, den Tag der Wasserwirtschaft oder – auch sehr schön – den Tag der Werktätigen des Bereiches der haus- und kommunalwirtschaftlichen Dienstleistungen. Noch mehr Anlässe für einen gemeinsamen Umtrunk gefällig?

Kein Problem. Im Angebot wären die Hausgemeinschaftsfete, das Plansilvester, der erfolgreiche Abschluss des jährlichen Subbotnik, die Urlaubsrunde, die Auszeichnung zum Aktivisten der sozialistischen Arbeit. Und, wem das immer noch nicht genügt, der kann sich ja auch ganz privat bei Polterabend und Hochzeit, Geburtstag und Namensgebung, bei Jugendweihe und Gartenfest vergnügen.

Fröhlich Feste feiern

Nicht zu vergessen die Volksfeste und jene „Überbleibsel kapitalistischer Subkultur" wie Bergfest, Tanzstunde, Abiball oder Fasching. Lassen wir es genug sein. Der DDR-Mensch feierte, bis es nichts mehr zu feiern gab. Er feierte selbst noch das Ende. Aber wie feierte er? Gab es eine sozialistische Feier-Froh-Natur, feierte er anders, gekonnter, kreativer? Oder ausgelassener, öfter, besser? Feierte er gar auf Anweisung und nach Vorschrift oder etwa nur so in seiner „privaten Nische"?

Leider können wir hier nicht jedes Fest mitfeiern, aber wagen wir einfach einen Blick zurück und schauen bei der einen oder anderen Fete kurz vorbei.
Wer weiß – vielleicht bekommen Sie ja Lust auf das Feierleben *made in GDR*.

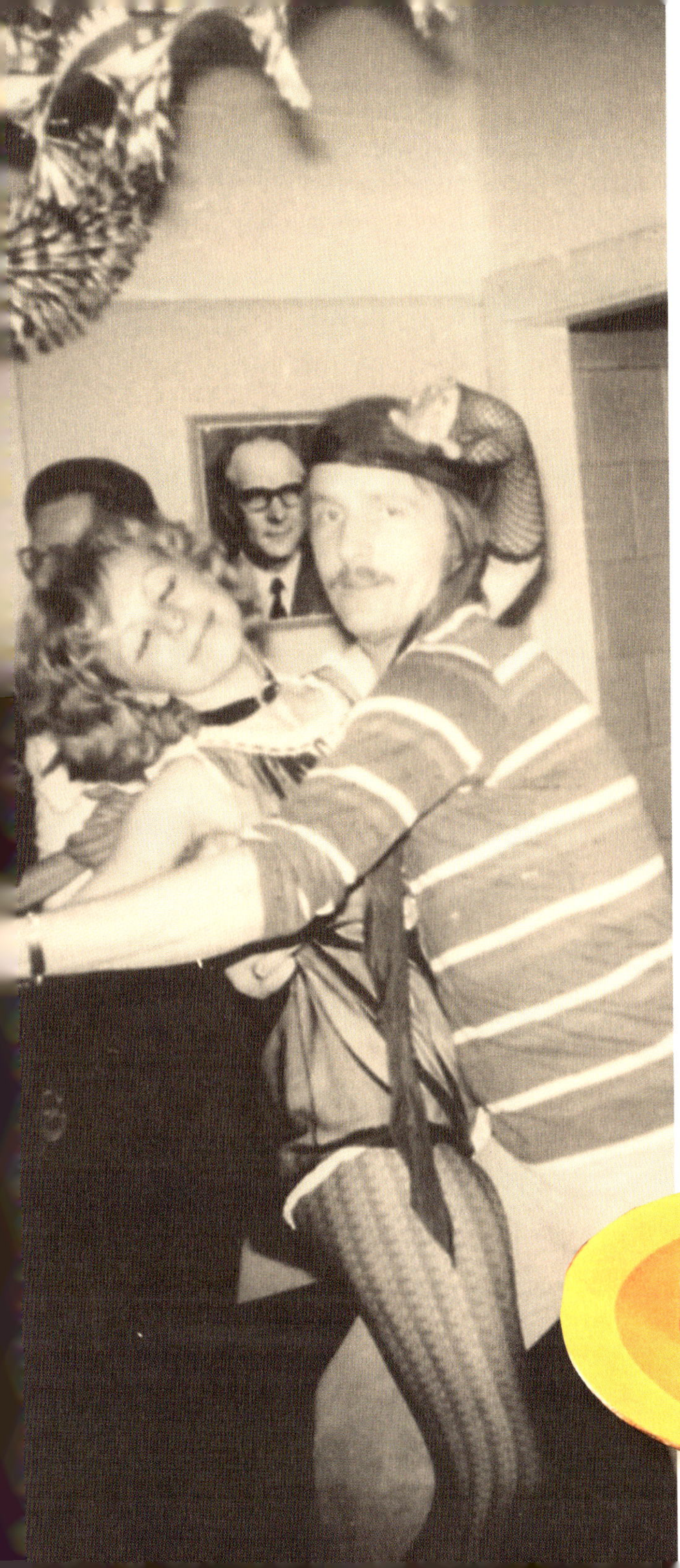

Fröhlich Feste feiern

ist eigentlich der Titel eines Rezeptheftes, das unter Lizenz-Nummer 1444 des Presseamtes beim Vorsitzenden des Ministerrates der DDR und mit freundlicher Unterstützung der Zentralen Wirtschaftsvereinigung Obst, Gemüse, Speisekartoffeln in den 70er Jahren im Verlag für die Frau erschien.

Genau richtig, dachten Verlag und Autorin, um in Erinnerungen an Zeiten zu kramen, da jede Feier auch ein Beitrag zur Stärkung der sozialistischen Menschengemeinschaft war.

Als junger Mensch hatte man es in der DDR nicht immer leicht. Dabei fing alles so schön an. Der Nachwuchs war noch nicht der Baumwollwindel und dem Spreizhöschen entwachsen, da wurde bereits gefeiert.

Namensgebung - Schulanfang - Jugendweihe

Drei Eckpunkte (fast) jeder Biografie. Während die Kleinen sich zu Beginn noch feiern ließen, feierten sie Kinderfasching und Weihnachten im Krippenalter schon selbst. Im Kindergarten ging es dann richtig los. Hier wurde der junge DDR-Bürger allseitig auf das Leben vorbereitet.

Und zum Leben in der sozialistischen Gemeinschaft gehörte die richtige Einstellung zu Festen und Feten.

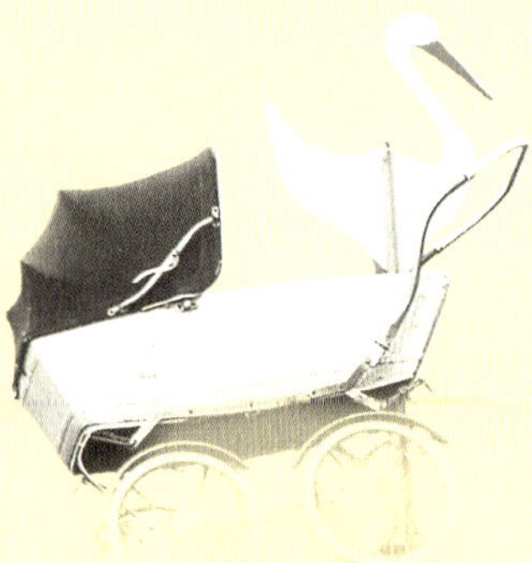

Sozialistisches Wohlergehen

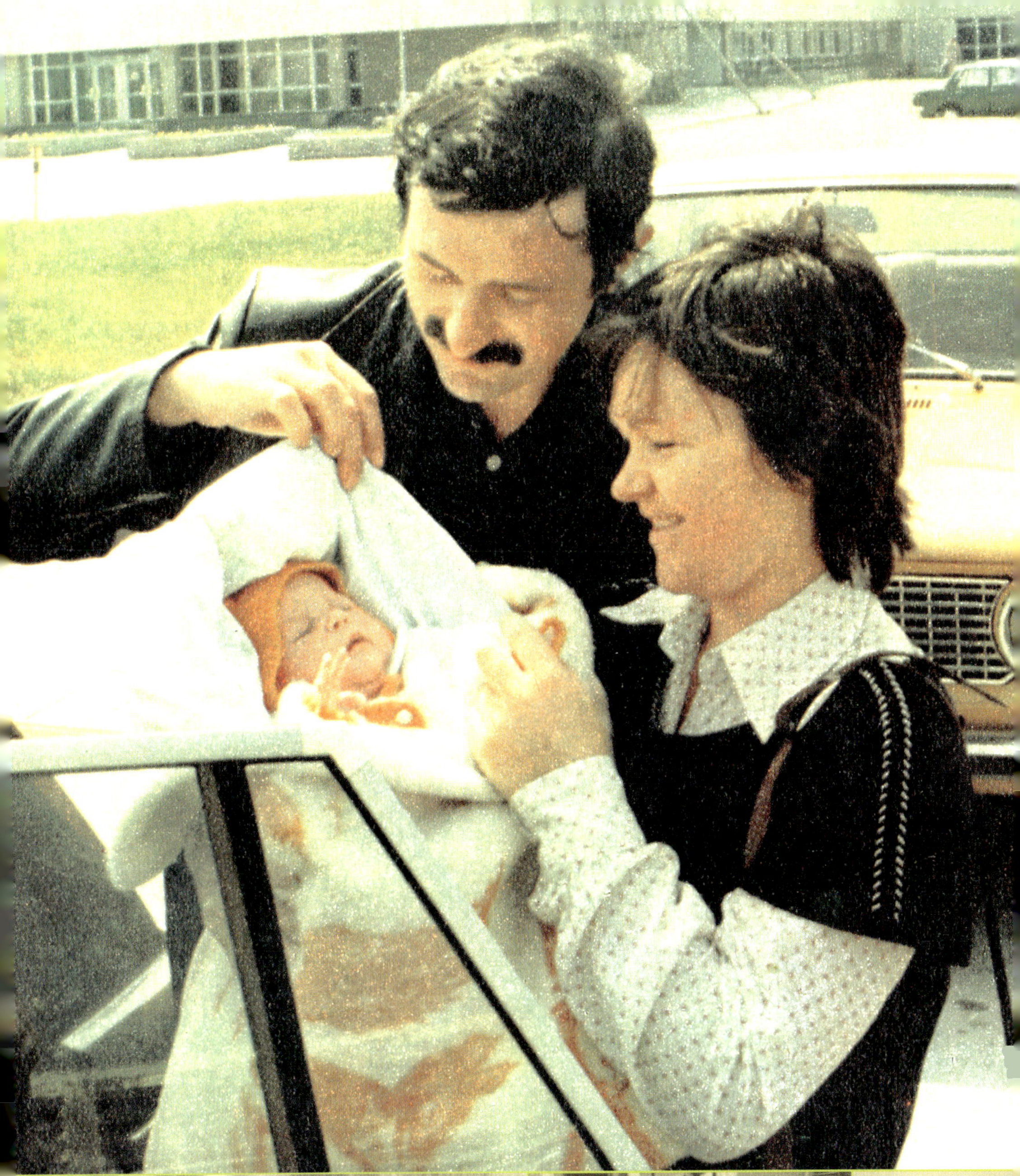

Zuerst feierte man den neuen Erdenbürger an sich. Vor allem die Väter, in jenen Jahren noch nicht durch das unmittelbare Miterleben einer Geburt für alle Ewigkeit verunsichert, stießen mit Exportbier, Lunikoff und Goldbrand auf die erfolgreich weitergegebene Erbsubstanz an. Das war östlich der Elbe nicht anders als überall auf der Welt.

Damit das Kind jedoch zu seinem Namen kam, folgte nicht immer die Taufe, sondern ziemlich oft die *Sozialistische Namensgebung*. Ein willkommener Anlass, Verwandte und Bekannte einzuladen und mit dem Sprössling bekannt zu machen.

Es gab eine offizielle Feierstunde, nicht selten vom Betrieb eines Elternteiles gleich für mehrere junge Familien organisiert, in der die üblichen Reden gehalten und die Kleinkinder nach einer Weile unleidlich wurden. Also konzentrierte man sich darauf, die Eltern und Anverwandten mit Ratschlägen auf die neuen Aufgaben einzustimmen. Auch gab es Patentanten und Patenonkels, die sich verpflichteten, für das Wohl des Kindes ebenso wie für seine ordnungsgemäße sozialistische Erziehung zu sorgen.

Namensgebung

Selbst die *Deutsche Lebensversicherungs-Anstalt* warb durch und durch sozialistisch:

> *Ein Baby ist da ... Wunsch und Erfüllung eines glücklichen Familienlebens. Doch unsere Zeit ist eine schnelle Zeit, Technik, Kultur, Mode, überhaupt unser gesellschaftlicher Fortschritt verbürgen täglich Neues, Besseres, Schöneres. Unser Baby wird sehr bald ein junger Pionier sein, an der Jugendweihe teilnehmen, eine ausgezeichnete Berufsausbildung genießen, das vielseitige Leben kennenlernen und an die Gründung eines eigenen Hausstandes denken ... Wie angenehm ist es, wenn dann ein bestimmter Geldbetrag zur Verfügung steht.* (1963)

Namensgebung

Seit 1958 die feierliche Aufnahme eines Kindes in die soziale Gemeinschaft, in der sich Eltern und Paten öffentlich verpflichten, ihre Kinder im Geiste des Friedens und des Sozialismus zu treuen und bewussten Staatsbürgern der DDR zu erziehen.

Die entsprechenden Feierstunden werden in der Regel durch Arbeitskollektive ausgestaltet.

(Meyers Neues Lexikon 1974)

10 Gebote für den neuen Menschen

1 *Du sollst Dich stets für die internationale Solidarität der Arbeiterklasse und der Werktätigen sowie für die unverbrüchliche Verbundenheit aller sozialistischen Länder einsetzen.*

2 *Du sollst Dein Vaterland lieben und stets bereit sein, Deine ganze Kraft und Fähigkeit für die Verteidigung der Arbeiter-und-Bauern-Macht einzusetzen.*

...

8 *Du sollst Deine Kinder im Geiste des Friedens und des Sozialismus zu allseitig gebildeten, charakterfesten und körperlich gestählten Menschen erziehen.*

9 *Du sollst sauber und anständig leben und Deine Familie achten.*

10 *Du sollst Solidarität mit den um ihre Befreiung kämpfenden und den ihre nationale Unabhängigkeit verteidigenden Völkern üben.*

Walter Ulbricht auf dem 5. Parteitag der SED 1958

Wen verwundert es da noch, dass es in der DDR *10 Gebote* gab - nicht gottgegeben zwar, doch auch irgendwie von oben diktiert. In ihnen waren - man glaubt es kaum - tatsächlich die Erziehungspflichten sozialistischer Eltern und die Anforderungen an die junge Generation festgeschrieben.

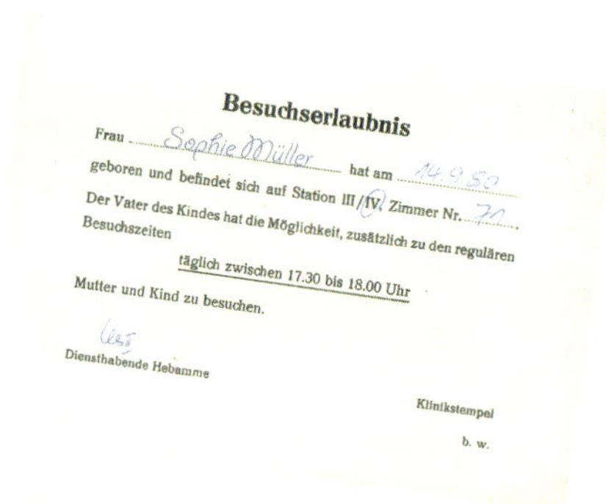
Besuchserlaubnis

Frau Sophie Müller hat am 14.9.50 geboren und befindet sich auf Station III/IV, Zimmer Nr. 71

Der Vater des Kindes hat die Möglichkeit, zusätzlich zu den regulären Besuchszeiten

täglich zwischen 17.30 bis 18.00 Uhr

Mutter und Kind zu besuchen.

Diensthabende Hebamme

Klinikstempel

b. w.

Da stellt sich einem doch glatt die Frage: Wie eigentlich feierte man die *Aufnahme eines Säuglings in die soziale Gemeinschaft*? Ganz ehrlich? Nicht viel anders als eine Taufe. Nach dem offiziellen Teil trafen sich Familie, Paten und Freunde zu Kaffee und Kuchen, eventuell zum Abendessen. Das beliebte „Jahrbuch für die Frau" empfahl für Anlässe wie diesen ein Kaltes Büfett, ideal auch für kleinste Neubauwohnungen!

> *Eine zwanglose Form der Gästebewirtung, die heute schon recht verbreitet ist und immer mehr Freunde findet. Da sich das Kalte Büfett durchaus in einer schmucken Küche ... anrichten läßt, kann bei einer größeren Gästezahl ... die oft nicht einfache Platzfrage gut gelöst werden.* (1962)

Auch interessante Tipps für die Vorbereitung des Büfetts finden sich in den Ratgeberheften von damals.

So ist Fingerfood keine Erfindung der Neuzeit. Schon die kluge DDR-Hausfrau wusste:

> *Kalte Platten finden im allgemeinen dann den meisten Anklang, wenn sie mit eßfertigen Happen belegt sind. Auf Bestecke kann verzichtet werden, wenn jeder Happen an einem Spießchen steckt. Teller und Servietten müssen aber ausreichend vorhanden sein.* (1962)

Auch der Hinweis, dass es sich gut macht, Gläser und Getränke bereit zu stellen, wurde nicht vergessen. Und als besonders nützlich erweist sich die Anregung, die Häppchen nach der „Fließbandmethode" zuzubereiten:

> *Nicht immer erst einen Happen von Anfang bis Ende fertigstellen, bevor der nächste begonnen wird, sondern nach einem exakten Plan arbeiten, der nach den vorhandenen und gut vorbereiteten Zutaten aufgestellt wird.* (1962)

Wir sehen, auch hier ging es nicht ohne Planwirtschaft ab und der versteckte Hinweis, dass man seinen Gästen nur das anbieten kann, was im sozialistischen Handel gerade im Angebot, sprich *vorhanden* war, lässt sich nicht überlesen. Wie bescheiden noch Anfang der 60er Jahre die Vorstellungen von einem anspruchsvollen kalten Büfett aussahen, zeigt nebenstehende Liste.

Doch schnell lernte die findige DDR-Hausfrau und Mutter das begrenzte Angebot der HO-Verkaufsstelle so zu arrangieren, dass es, mit dem richtigen Namen versehen, jedem Anlass gerecht und selbst ein bescheidenes Käsebrot zur internationalen Delikatesse wurde.

Vorschlag für ein Kaltes Büfett

10 Delikateßeier
10 pikante Eier
10 gefüllte Tomaten mit Eiersalat
10 gefüllte Äpfel mit Rindfleischsalat
10 Salatgurkenstückchen mit Räucherfischsalat,
10 Kasslerröllchen mit Erbsensalat
10 Schinkenröllchen mit Sahnemeerrettich
10 Obst-Quark-Speisen
200 g Butter
30 Scheiben Brot...

1962

Marokkanische Schnittchen

- 120 g Delikatessmargarine
- 100 g Sultaninen
- 100 g Nusskerne
- 100 g Ingwer in Sirup
- Zitronensaft
- 200 g gegartes Hühnerfleisch

Schnittchen mit Delikatessmargarine bestreichen. Nusskerne und Ingwer fein zerschneiden bzw. hacken, mit etwas Ingwersirup binden und mit Zitronensaft abschmecken. Diese Masse auf die Schnittchen streichen und obenauf je 1 Scheibe Hühnerfleisch legen.

Unser Tipp: Anstelle von Nusskernen können auch süße Mandeln verwendet werden.

Tatarschnittchen

- 120 g Delikatessmargarine
- 300 g Schabefleisch
- 1 Zwiebel
- 1 Ei
- 60 g Sardellenfilets
- 30 g Kapern
- Salz, Pfeffer

Schnittchen mit Margarine bestreichen. Das Schabefleisch mit Ei und feingehackter Zwiebel zubereiten, mit Salz und Pfeffer würzen, auf die vorbereiteten Schnittchen auftragen. Mit einem glatten Messer kleine Rillen eindrücken. Die Sardellenfilets über Kreuz darauf legen und mit den Kapern garnieren.

Indische Schnittchen

- 150 g Doppelrahmkäse
- 150 g Delikatessmargarine
- 1 Stück Ingwer (frisch oder aus dem Glas)
- 50 g Nusskerne

Den Doppelrahmkäse mit der Delikatessmargarine gut durcharbeiten, kleingehackten Ingwer zufügen und mit etwas Ingwersirup oder Honig binden. Die Creme wellenförmig auf Schnittchen streichen und mit Nusskernen garnieren.

Begeistert erprobte man auch Rezepte, die über Freunde, Fernsehen, Zeitschriften und viele andere Quellen aus dem *Westen* ihren Weg ins sozialistische Vaterland fanden. Und da es mit *Philadelphia-Käse* im Konsum nicht so gut aussah, erfand man die

Bauerntrüffel

- 1 Packung Frischkäse
- 2 Teelöffel Kümmel
- 4 Esslöffel gehackte Petersilie
- 1/2 Teelöffel weißer Pfeffer
- 1 Teelöffel Edelsüßpaprika
- 2 Scheiben Pumpernickel

Kümmel mit dem Messer fein hacken, Petersilie wiegen. Frischkäse mit den Gewürzen und der Petersilie verkneten. Für einige Minuten in den Kühlschrank stellen. Inzwischen die Pumpernickel fein zerbröseln. Von der Käsemasse mit einem Teelöffel kleine Nocken abstechen und mit angefeuchteten Händen zu Kugeln formen (Löffel zwischendurch in heißes Wasser tauchen). Diese Kugeln solange in den Pumpernickelbröseln wälzen, bis sie rundum bedeckt sind. Kühl stellen.

Selbst wenn es um Salate ging, war der DDR-Bürger erfinderisch. Er kreierte nicht nur einen Waldorfsalat ohne Mandarinen und Ananas oder gewann dem allgegenwärtigen Fleischsalat immer neue Geschmacksrichtungen ab; er brachte es ohne weiteres fertig, aus Jagdwurst und marinierten Paprikastreifen den Salat aller Salate, den *Balkansalat*, zu mischen. Den gab es bald Land auf, Land ab zu jeder Gelegenheit. Lange Zeit hielt die *allseitig entwickelte sozialistische Persönlichkeit* gar jene Mischung aus kleingeschnittenen Äpfeln, ein paar Stückchen Kubaorangen, einigen Weintrauben (Konserve) und (so vorhanden) einigen Bananenscheiben, garniert mit Nüssen und Eierlikör, für echten Obstsalat.
Vor allem aber kam der ostdeutsche Freizeitkoch irgendwann auf die Idee, Salate zu flambieren. Und so finden sich in einem Rezeptheft aus den 70er Jahren nicht nur „Brennende Brote" (Smörrebrøds) als besonderer Leckerbissen der Gästebewirtung, sondern auch der Hinweis:

> *Eine Attraktion sind Salate, die brennend serviert werden. Besonders gute Wirkungen werden bei abgeblendetem Licht erzielt ... Wenn Spirituosen über 50% Alkoholgehalt nicht zur Hand sind, kann der Alkohol mit Prima-Sprit (96%) verstärkt werden. (1974)*

Kein Wunder, dass selbst harmlose Feiern zu Gelagen ausarteten, wenn man schon vom Salat beschwipst wurde.

Feuriger Geflügelsalat

- 300 g gegartes oder gebratenes Geflügelfleisch
- 100 g Sellerie (Konserve)
- 100 g Schwarzwurzelstücke (Konserve)
- 150 g Mayonnaise
- Salz, Pfeffer, Worcestersoße
- 1 gezuckerte Apfelscheibe
- 1 Glas Gin

Geflügelfleisch und Sellerie kleinschneiden, Schwarzwurzelstücke zufügen, würzen und mit Mayonnaise vermengen. In einer Schale anrichten. Auf den Salat eine gezuckerte Apfelscheibe legen, den Gin darüber gießen, anzünden und servieren.

Geflügelcocktail

- 200 g gekochtes Hühnerfleisch
- 1/2 eingelegte rote Paprika
- 1/2 Tasse marinierter Sellerie (Konserve)
- 1/2 Tasse marinierte Champignons (Konserve)
- 1/2 Flasche (Becher) Joghurt
- 2 Esslöffel Mayonnaise
- 3 Esslöffel Apfelmus
- 1 Teelöffel Weinessig
- 1/2 Teelöffel Zucker
- Salatherzen

Geflügelfleisch und Paprika klein schneiden, Sellerie und Champignons fein würfeln. Für das Dressing Joghurt, Mayonnaise und Apfelmus verrühren, mit Essig und Zucker abschmecken und über die anderen Zutaten geben.
In Salatherzen anrichten.

Kubanischer Salat

- 250 g Schnittkäse
- 4 - 6 Esslöffel Ananasstückchen (Konserve)
- 3 Esslöffel gehackte Nüsse
- 100 g Quark, etwas saure Sahne
- Salz, Zucker

Kleine Schnittkäsewürfel mit Ananas und Nüssen vermengen. Quark mit etwas saurer Sahne zu einer sämigen Tunke anrühren, pikant mit Salz und Zucker abschmecken, durch ein Sieb über den Salat streichen.
Mit Bananenscheiben garnieren.

Erinnern Sie sich noch an die jährlichen Höhepunkte der unbeschwerten Kinderzeit? Ganz klar. Fasching, Kindertag und Weihnachten. Egal ob Kinderkrippe, Kindergarten oder Schule - an diesen Festen gab es nichts zu rütteln. Da wurde geplant und vorbereitet und Lehrer wie Eltern wussten:

> *Wenn Kinder feiern, geht es turbulent zu. Kinder lieben Abwechslung und Bewegung. Spiele und sportliche Wettkämpfe sind deshalb besonders geeignet, die kleine Rasselbande einen ganzen Nachmittag lang in Schach zu halten.* (1981)

Die obligatorische Faschingsfeier war da noch die einfachste Übung. Endlich durfte jeder einmal das sein, was er oder sie schon immer gern sein wollte: Indianer und Cowboy, Clown, Kosmonaut oder Prinzessin. Vor allem Prinzessin konnte man im Sozialismus schlecht werden und so nutzten speziell die Mädchen diese einmalige Gelegenheit.

Es gab heißen Kakao und süße *Thälmannbrause* (rote Limonade), selbstgebackenen Kuchen und Würstchen in x Variationen, Wackelpudding und Fruchteis, Bonbons und rotbäckige Äpfel wie bei Schneewittchen, Marke Gelber Köstlicher.

Aufwändiger wurde der 1. Juni vorbereitet, denn da wurde im ganzen Land der *Internationale Kindertag* gefeiert. Jahrein, jahraus gab es an diesem Tag große Kinderfeste in Stadt und Land mit Bastelstraßen, Eierlauf, Sackhüpfen und Ballwerfen. Die besten Ideen fanden die Organisatoren im „Bummi", der Zeitschrift für alle, die des Lesens noch nicht mächtig waren. Oder man informierte sich über den aktuellen Basteltrend in der täglichen Sendung des Rundfunks „Zu Gast im Butzemannhaus".

Kinderbowle „Brummelchen“

- 200 g Erdbeeren
- 200 g Pfirsiche
- 200 g Kirschen
- 2 Esslöffel Zucker
- 4 cl Zitronensaft
- 1 Päckchen Vanillezucker
- 3 Flaschen Fruchtlimonade

Die Früchte einzuckern, den Vanillezucker, Zitronensaft und 1 Flasche Limonade dazugeben. 1/2 Stunde kalt stellen.
Vor dem Servieren die restliche Limonade zugießen.

Würstchen im Schlafrock

- 3 Bockwürste
- 100 g Schnittkäse
- 2 rote Paprikafrüchte
- 1 großer Apfel
- Salz, Pfeffer
- Backteig
- 2 Esslöffel Tomatenketchup
- 2 Esslöffel Apfelmus

Bockwürste in dicke Scheiben, den Schnittkäse und die Paprikafrüchte in Stücke schneiden. Die Äpfel achteln, vom Kerngehäuse befreien und die Spalten halbieren. Alle Zutaten abwechselnd auf Spieße stecken, mit wenig Salz und Pfeffer bestreuen und durch einen Backteig aus Mehl, Ei und Milch ziehen, gut umhüllen. Die fertigen Spieße in heißem Öl ca. 8 bis 10 Minuten backen lassen. Herausnehmen und mit einer Mischung aus Tomatenketchup und Apfelmus bestreichen.

Zimtbiene

- 3 Teelöffel Combo
- 1 Teelöffel Honig
- 1 Prise Zimt
- 10 cl Milch

Alle Zutaten mit Eis im Mixer mixen. Mit Strohhalm servieren.
(Bevor Sie verzweifeln, weil Sie nirgendwo „Combo" bekommen, nehmen Sie „Nesquik")

Milchdrink „Kleiner Bär"

- 1/4 l Milch
- 2 cl Himbeersirup
- 1 Esslöffel Kokosraspeln
- 1 Teelöffel Honig

Alle Zutaten mit Eis im Mixer mixen, in Bechergläsern servieren.

Orangen-Fizz

- 4 cl Orangensaft
- 2 cl Zitronensaft
- 1 Teelöffel Zucker
- Selters

Saft und Zucker in einen Shaker geben, gut schütteln. Mit Selters auffüllen.

Verzauberte Bratäpfel

- 4 große Äpfel
- 2 Esslöffel Kokosraspeln
- 1 Esslöffel Sultaninen (Rosinen)
- 1 Esslöffel Zucker
- 1 Teelöffel Zimt
- etwas Butter, Öl

Die Äpfel schälen, das Kerngehäuse entfernen. In die Apfelöffnung die Mischung aus Kokosraspeln, gehackten Sultaninen, Zucker und Zimt füllen. Butterflöckchen aufsetzen. In Alufolie einpacken (fest verschließen) und im vorgeheizten Ofen 15-20 Minuten backen. Heiß aus der Folie löffeln.
Nach Geschmack mit Zitronensaft beträufeln.

Lebenswecker

- 8 kleine, feste Tomaten
- 1 Salatkopf
- 400 g Speisequark
- 3 Bund Dill und 1 Bund Petersilie
- 2 mittelgroße Zwiebeln
- 2 Esslöffel Kaffeesahne
- 1 Esslöffel Öl, Salz

Tomaten waschen, den Deckel abschneiden und vorsichtig aushöhlen. Salat waschen, Petersilie und Dill vorbereiten und klein schneiden bzw. wiegen. Die Zwiebel in feine Würfel schneiden. Den Quark mit allen Zutaten mischen und glattrühren. Abschmecken. Die Kräuter-Quark-Masse in die Tomaten füllen, sie soll etwas über den Tomatenrand stehen. Dann die abgeschnittenen Deckelchen wieder aufsetzen. Eventuell mit weißen Tupfen (wie Fliegenpilze) verzieren und auf den Salatblättern anrichten.

Der große Tag der Einschulung. Spätestens an diesem Tag sollte die Verwandtschaft die Trabantanmeldung für den Nachwuchs unter Dach und Fach gebracht haben, ansonsten könnte es mit dem Auto bei Erreichen des Erwachsenenalters etwas eng werden...

> *Ein Mann meldet sich für den Kauf eines Autos an. Der Bearbeiter füllt die Anmeldung aus und sagt. „Sie können dann heute in 10 Jahren ihren Trabant abholen."*
> *„Hm", überlegt der Mann, „soll ich da am Vormittag oder nachmittags kommen?"*
> *„Das ist doch egal", sagt der Bearbeiter.*
> *„Nein! Vormittag wäre schlecht, weil ich da schon auf den Klempner warten muß!"*

Doch im Ernst, *Schulanfang* war für den kleinen DDR-Bürger ein entscheidender Tag. Das hatte nicht nur damit zu tun, dass mit etwas Glück die „Westverwandtschaft" anreiste und Glitzerstampis, Matchies, Barbies und leckere Westsüßigkeiten im Gepäck hatte. Es war dieser Tag an sich.

Schulanfang

Endlich gehörte man zu den „Großen" und da war es egal, ob sich *Toblerone* oder *Brockensplitter* in der Zuckertüte fanden. Sogar die hatte eine Norm. Standard war die 85 cm lange Sechsecktüte, hergestellt in einem kleinen *halbstaatlichen* Betrieb im sächsischen Erzgebirge.

Wer Glück hatte, bekam mehrere in verschiedenen Größen: eine von den Eltern, je eine von den Großeltern, kleinere von Verwandten und Paten, je eine von den Arbeitskollektiven der Eltern, eine von der Hausgemeinschaft. Süßigkeiten ohne Ende. Allerdings fanden sich auch damals schon unverdauliche Buntstifte, Radiergummis und Lineale in den Tüten. Schließlich begann nun der *Ernst des Lebens*.

Kunterbuntes Treiben

Wer kennt nicht die Freude der Kinder an außergewöhnlichen Tagen, über kunterbuntes Treiben und unbekannte Spiele. Es fällt schwer, alles aufzuzählen, was unsere „Gören" gerne festlich und ausgelassen zugleich begehen wollen. Da kommt die Patenbrigade zu Besuch. Ein Kind hat Geburtstag. Da gibt es den letzten Tag im Kindergarten, bevor die Gruppe der "Großen" endlich in die Schule gehen darf. Nicht zu vergessen der Kindertag. Auch im Ferienlager bilden Bergfeste, Begrüßungs- und Abschiedsfeiern eingeplante Höhepunkte. Der Phantasie sind größte Sprünge erlaubt, wenn es um Kinderfeste und darum geht, wie man sie ausgestaltet.

1979

Lukulluskekse

- 150 g Kokosfett
- 65 g Zucker
- 20 g Kakao
- 1 großes Ei
- 1 gestrichener Teelöffel Vanillezucker
- 1 Päckchen Butterkekse
- zum Garnieren: bunte Streusel oder in Scheiben geschnittenes Marzipankonfekt

Das Kokosfett auf kleiner Flamme erhitzen. Den Zucker mit dem Kakao, Ei und Vanillezucker verrühren und tropfenweise das sich abkühlende Kokosfett unterrühren. Die abgekühlte Masse auf die Kekse streichen (das Messer in kaltes Wasser tauchen, damit die Oberfläche der Masse glatt wird!) und garnieren. Nach Belieben können auch 2 bis 3 Kekse übereinandergelegt werden. Mit bunten Streuseln oder Marzipan verzieren.

Obstkonfekt

- Mürbeteigplätzchen
- 1 Tafel Blockschokolade
- verschiedenes Obst (frisch oder Konserve)

Zuunterst je ein Mürbeteigplätzchen legen, darauf verschiedene Obststückchen schichten und mit einem Spießchen feststecken. Die Schokolade im Wasserbad erwärmen, bis sie flüssig wird. Die Spießchen nacheinander in die aufgelöste Schokolade tauchen, so dass die Plätzchen mit Schokolade überzogen sind. Vor dem Servieren kalt stellen, bis der Schokoladenüberzug fest ist.

Fröhlich sein und singen hieß die Devise zwischen dem sechsten und sechzehnten Lebensjahr. Anregungen hierzu fand man in der *Frösi*, der unentbehrlichen Monatszeitschrift für *junge Sozialisten*. Und wenn der Jugend selbst nichts mehr einfiel, sorgte man an „oberer Stelle" für Abwechslung: Pioniertreffen, Pionierlager, Jugendtreffen, Lager der Freundschaft, Lager für Arbeit und Erholung - dem Einfallsreichtum waren keine Grenzen gesetzt. Und so gewöhnten sich schon die Kleinsten ans kollektive Feiern.

Schulzeit war nicht nur Zeit zum Lernen. Es gab eine Vielzahl *außerschulischer Pflichtveranstaltungen*, denen man sich nur schwer entziehen konnte: Pioniernachmittage, Altstoffsammlungen, Arbeitsgemeinschaften (1972 wurden mehr als 95.000 gezählt), Jugendstunden, Sport- und Mathematikolympiaden, Feste der russischen Sprache...

Pfirsichschüsselchen

- 8 Pfirsichhälften (frisch oder Konserve)
- 4 Nelken
- 4 Esslöffel Marmelade
- Butter

Die Pfirsiche entkernen. Je 1 Hälfte auf ein gefettetes Stück Alufolie legen, Marmelade auf das Obst geben. Die andere Hälfte aufsetzen und die Alufolie schließen.
Im gut vorgeheizten Ofen 8 bis 10 Minuten backen. Heiß aus der Folie essen.

Schnelle Minitörtchen

- 1 Fertigpackung Torteletts
- 1 - 2 Esslöffel Butter
- 1 - 2 Esslöffel Staubzucker
- 1 Teelöffel Vanillezucker
- frisches Obst oder gut abgetropfte Konservenfrüchte
- 1 Packung Tortenguss

Die Butter leicht erhitzen und mit dem Staubzucker und dem Vanillezucker vermengen. Die Masse vorsichtig auf die Torteletts streichen (ganz nach Geschmack können sie auch mit Pudding bestrichen werden). Darauf frisches oder Konservenobst verteilen. Tortenguss nach Anleitung bereiten und von der Mitte her auf den Torteletts verteilen. Kalt stellen. Nach dem Festwerden des Tortengusses mit Mandelstiften, Kokosraspeln oder Schlagsahne verzieren.

Unser Tipp: Diese schnelle Variante war auch als Obsttorte sehr beliebt. Dafür einen fertigen Tortenboden statt Torteletts verwenden.

Schokoladenküsschen

- 125 g Kokosfett
- 125 g Puderzucker
- 2 Esslöffel Kakao
- 100 g Cornflakes
- 1 Esslöffel Rosinen

Das Kokosfett in einem Topf auf kleiner Flamme zerlassen. Vom Herd nehmen und nach und nach Puderzucker sowie Kakao unterrühren. Dann Rosinen und Cornflakes untermischen. Mit einem Teelöffel kleine Häufchen abstechen. Auf ein mit Alufolie belegtes Blech geben, im Kühlschrank fest werden lassen.

Der Gipfel kindlichen Glücks waren jene Feiern, die Kinder überall am meisten mögen: Geburtstag, Ostern, Weihnachten... Kinderkombination, Schule, Pionierorganisation und Patenbrigade erkannten, dass hier ein weites Feld für gemeinsames Feiern noch brach lag. Speziell die Weihnachtszeit bot sich für kollektive kindliche Fröhlichkeit geradezu an. Und so besuchten die sozialistisch geschulten Weihnachtsmänner nicht nur Kindergarten und Schulhort, sie hatten feste Verträge mit dem Betrieb, in dem Mutti arbeitete und mit dem von Vati sowieso. Mühelos konnte man es auf sechs bis acht *Jahresabschlussfeiern* bringen. Selbstverständlich mit Geschenken und süßen Naschereien.

Bedenken Sie, daß ein Auftritt als Weihnachtsmann in staatlichen Einrichtungen sorgfältiger vorzubereiten ist als ein x-beliebiges Referat...
1972

Schokoigel

- 125 g weiche Butter
- 175 g Zucker, 1 Päckchen Vanillezucker
- 3 Eier, 1 Prise Salz
- 75 g gemahlene Haselnüsse
- 100 g geraspelte Schokolade
- 75 g Mehl, 50 g Speisestärke
- 2 gestrichene Teelöffel Backpulver
- 1 Esslöffel Kakao
- Schokoladenglasur, Mandelsplitter, Korinthen oder Rosinen

Butter schaumig rühren, Zucker und Vanillezucker einrieseln lassen. Eier, Haselnüsse und geraspelte Schokolade unterrühren. Mehl, Speisestärke, Kakao und Backpulver mischen, nach und nach darübersieben und unterrühren. Aus mehrfach gefalteter Alufolie 5-6 kleine halbkugelförmige Formen basteln (eventuell kleine Schüssel zu Hilfe nehmen). Ebenfalls aus Alufolie Standringe falten und Förmchen aufsetzen. Teig einfüllen und bei Mittelhitze backen. Kuchen auskühlen lassen, stürzen und Alufolie abziehen. Igel dick mit Schokoladenglasur überziehen. Mandelsplitter als Stacheln, Korinthen (Rosinen) als Augen einstecken.

Jugendweihe - ein Fixpunkt im Leben der meisten. Das *erste große Fest im sozialistischen Leben* nahm nicht selten die Ausmaße einer Dorfhochzeit an. Übrigens war die Jugendweihe keine DDR-Erfindung. Freireligiöse Vereinigungen veranstalteten 1859 erstmals Feiern für schulentlassene Kinder ihrer Mitglieder. Im November 1954 rief ein eigens gegründeter *Zentraler Ausschuss für Jugendweihe* zur Einführung der Jugendweihe in der DDR auf.

Vor dem großen Fest waren jedoch die *Jugendstunden* zu absolvieren. Auch hier kam die Pflicht vor dem Vergnügen. Wirklich wichtig aber waren ganz andere Dinge: *Was ziehe ich an? Bekomme ich meine erste Dauerwelle? Darf ich Absatzschuhe tragen?*

> *Wenn wir uns zu diesem Festtag ein Kleid aussuchen, so denken wir klugerweise nicht nur an diesen einen Zweck, sondern überlegen von vornherein, daß wir es so wählen, daß es zu verschiedenen Gelegenheiten paßt.*
> *Dabei dürfen die jungen Mädchen bei der Wahl ihres Jugendweihekleides ein Wort mitreden. Sie möchten doch recht oft ihr schönes Kleid anziehen können, in dem sie „erwachsen" wurden.* (1961)

Jugendweihe

Wie gut hatten es da die Jungen. Obwohl so manch einer sich mit der ersten Krawatte seines Lebens gequält haben dürfte. Das alles aber wurde in den Schatten gestellt von der Planung der Feier „nach der Feier". Schon Wochen vorher begann die Organisation. Jede nur denkbare Bekanntschaft und Beziehung wurde aufgefrischt, um Einkaufslisten abzuarbeiten. Wer gar die *Wohngebietsgaststätte* zum Ort der Feier auserkoren hatte, der musste nicht nur Monate vorher *Plätze reservieren*, sondern sich auch der langwierigen Aufgabe unterziehen, mit dem *Gaststättenleiter* ein realisierbares Menü auf die Beine zu stellen. Schließlich war kaum vorhersehbar, was am *Tag der Tage* der sozialistische Handel gerade zur Deckung des Bevölkerungsbedarfes bereit hielt.

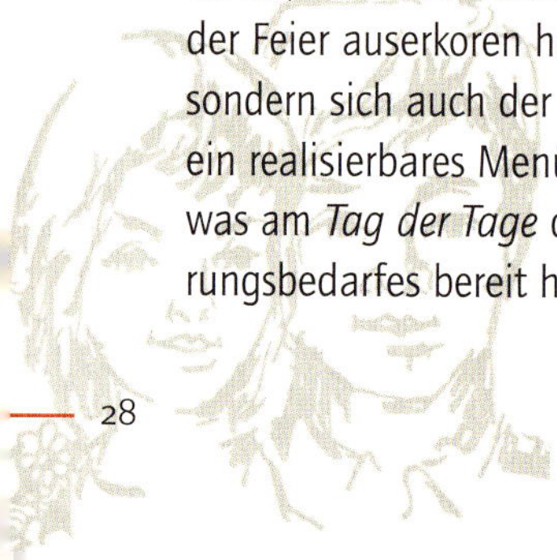

Das erste grosse Fest

Jugendweihe - der Schritt in den Kreis der Erwachsenen. Sorgen Sie dafür, daß das erste große Fest Ihres Kindes zu einem Erlebnis wird. Ob Sie ins Theater gehen, verreisen wollen oder mit Verwandten und Freunden in den eigenen vier Wänden feiern, bleibt Ihnen überlassen.

1973

Feine Pastetchen

- 4 Scheiben Blätterteig (tiefgefroren)
- 200 g gekochter Schinken
- 200 g Schnittkäse
- 1 Zwiebel, 1 Ei
- Senf, Edelsüßpaprika

Den Schinken klein schneiden, den Schnittkäse fein würfeln und miteinander vermengen. Mit dem Senf binden und scharf mit Paprika abschmecken. Den Blätterteig auftauen und Quadrate ausschneiden. Auf jedes Quadrat ein Viertel der Füllung geben, einen Zwiebelring obenauf setzen. Die vier Teigecken übereinander schlagen, mit verquirltem Ei bestreichen und im vorgeheizten Ofen ca. 20 Minuten goldgelb backen.

Es hat sich herumgesprochen, daß die Jugendweihe daheim am besten gelingt, wenn sie sich von herkömmlichen Familienfeiern unterscheidet, und daß die Einstellung 'sind einmal Gäste da, wird jedem schon etwas einfallen', nicht gerade die beste Basis für unterhaltsame Stunden ist. Für die Jugendweihe braucht man Ideen. Am besten ist es, den Sohn oder die Tochter voll in die Planung der Familienfeier einzubeziehen, damit sie auch wirklich Anteil am Gelingen des Festes haben. (1984)

Gefeiert wurde nicht immer und ausschließlich im Familienkreis. Ende der 70er Jahre kamen gemeinsame Feiern einer Klasse in Mode. Zwar waren auch hier Eltern und Verwandte eingeladen, aber vor allem feierten die *Hauptpersonen* miteinander.

Kunterbunte Stäbchen

- 2 Scheiben Vollkornbrot
- 2 Esslöffel Frischkäse
- 2 Esslöffel Kräuter
- 1/4 Salatgurke
- 1/2 gelbe Paprikafrucht
- 1/2 rote Paprikafrucht
- 1 große Möhre
- 1 Bund Radieschen
- 100 g Schnittkäse

Die frischen Kräuter waschen, trockenschütteln und kleinschneiden, unter den Frischkäse mischen. 1 Scheibe Vollkornbrot mit dieser Mischung bestreichen, die zweite Scheibe Brot fest andrücken. Das Brot in nicht zu kleine Würfel schneiden. Die Paprika waschen, halbieren, Stiel und Kerne entfernen und in Würfel schneiden. Die Gurke waschen und in große Stücke schneiden. Die Möhre unter fließendem Wasser sauber bürsten (eventuell dünn schälen oder sauber schaben) und in Scheiben schneiden.
Radieschen vorbereiten und je nach Größe halbieren. Den Käse in Würfel schneiden. Brot, Gemüse- und Käsestückchen abwechselnd auf Spieße stecken.

Und dann war da noch die Frage der Geschenke. Aus heutiger Sicht nimmt sich alles recht bescheiden aus. Ein tragbares Kofferradio oder ein Kassettenrecorder von RFT waren schon toll. Die meisten jedoch bekamen damals wie heute Geld und Mädchen oft Teile für die Aussteuer. Verständlich, dass sich nach der fünften Packung Malimo-Geschirrtücher die Begeisterung in Grenzen hielt.
Ganz dem *Bildungs- und Erziehungsauftrag* verpflichtet sind dagegen Hinweise, die sich in zeitgenössischen Publikationen finden:

> *Geschenke sollten sehr sorgfältig ausgewählt und von bleibendem Wert sein. Sicherlich sind wir uns darin einig, daß es keinesfalls darauf ankommt, sich in Wert und Größe der Geschenke zu übertreffen, viel wichtiger ist, individuelle, sinnvolle und mit großer Liebe ausgewählte Geschenke für Vierzehnjährige zu kaufen ... Sachen des persönlichen Bedarfs, Bücherschecks, Armbanduhr, Brieftasche, Geldbörse, Fotoapparat oder Schirm.* (1969)

Tomaten-Gurken-Schiffchen

- 2 feste Tomaten
- 1 Salatgurke
- Zahnstocher

Tomaten und Gurke waschen. Die Tomaten in Viertel schneiden. Die Gurke zuerst in Scheiben schneiden, dann aus den Scheiben je ein Dreieck ausschneiden. Die Gurkendreiecke als Segel mit einem Zahnstocher auf den Tomatenvierteln feststecken.

Bunter Hackbraten

- 500 g Hackfleisch (halb und halb)
- 1 altbackenes Brötchen
- Salz, Pfeffer
- 1 Esslöffel Senf
- 1 kleine Dose junge Erbsen
- 1 kleine Dose Karotten

Das Brötchen einweichen, gut ausdrücken, unter das Hackfleisch kneten (Sie können auch Semmelmehl verwenden). Die Masse würzen, mit Senf pikant abschmecken. Die Hälfte der Hackmasse in eine leicht gefettete Kastenkuchenform drücken. Darauf eine Schicht junge Erbsen und Karotten geben (das Gemüse aus der Dose sehr gut abtropfen lassen!) und mit der anderen Hälfte der Fleischmasse bedecken. Im vorgeheizten Ofen bei starker Hitze ca. 45 Minuten backen.

Unser Tipp: Die Füllung kann beliebig variiert werden:

- Tomaten- und Zwiebelwürfel
- rote und grüne Paprikafrucht (in Streifen oder Würfel geschnitten)
- Champignonscheiben und frische Petersilie
- Waldpilze und Gartenkräuter
- Spinatblätter und Eier
- Porreestückchen

Der Phantasie sind hier keine Grenzen gesetzt.

Möwennester

- 4 Heringsfilets
- 1 Esslöffel Lachsschnitzel
- 4 hartgekochte Eier
- 8 Teelöffel Mayonnaise
- Senf
- Salatblätter

Die Heringsfilets mit Senf bestreichen und dünn mit Lachsschnitzeln bestreuen. Jedes Filet um ein Ei wickeln, feststecken und mit einem scharfen Messer halbieren. Mit der Schnittfläche nach oben auf Salatblättern anrichten und zu jeder Portion 1 Teelöffel Mayonnaise geben.

Eingelegter Harzer

- 500 g Harzer Käse mit Kümmel
- 1 Teelöffel Kerbel oder Petersilie
- 1 Teelöffel Basilikum
- 1 Zwiebel
- 1 Teelöffel Senfkörner
- 3 bis 4 Esslöffel Essig
- Öl
- Salz, schwarzer Pfeffer, Paprika

Den Käse zerschneiden und abwechselnd mit den Kräutern und Gewürzen in ein Glas mit weiter Öffnung schichten. Den Essig und so viel Öl darüber geben, dass der Käse ganz bedeckt ist. Das Glas mit einem Deckel oder Klarsichtfolie verschließen und den Käse mindestens 24 Stunden in der Marinade an einem kühlen Ort durchziehen lassen.

Quarkspitzen

- 40 g Zucker
- 1 Ei
- 20 g Fett
- 125 g Quark
- 125 g Kartoffeln
- 2 Esslöffel Rosinen
- 125 g Mehl
- 1 Teelöffel Backpulver
- Salz, Ausbackfett, Puderzucker

Zucker und Ei schaumig rühren. Zerlaufenes Fett, Quark, die gekochten und durchgepressten Kartoffeln und etwas Salz zugeben. Rosinen unterheben. Zuletzt das mit Backpulver gesiebte Mehl unterrühren. Eventuell dem Teig noch etwas Milch zufügen. Einen Teelöffel in siedendes Backfett tauchen und damit Teig abstechen. Die Teigstücke mit einem Messer in das heiße Backfett schieben. Goldbraun ausbacken. Auf einem Sieb abtropfen lassen, mit Puderzucker besieben.

Zebrawürfel

- 50 g Butter
- 50 g geriebener Käse
- Pumpernickel oder Schwarzbrot
- Schnittkäse in Scheiben

Die Butter cremig rühren und mit dem Käse mischen. Auf die Pumpernickel streichen und mit Käsescheibe belegen. Eine auf beiden Seiten bestrichene Brotscheibe aufsetzen, diese ebenso mit Käse belegen und mit einer dritten Scheibe zudecken. In Würfel schneiden und ein Spießchen einstechen.

Bunter Nudelsalat

- 500 g Hörnchen
- 2 Zwiebeln
- 2 Bund Radieschen
- 1/2 Salatgurke
- 2 Äpfel
- 2 Esslöffel Essig
- 8 Esslöffel Öl
- 2 Teelöffel Senf
- Salz, Schnittlauch

Die Hörnchen in kochendem Salzwasser nach Packungsanleitung garen, abgießen, mit kaltem Wasser abschrecken und abkühlen lassen. Inzwischen die Zwiebeln schälen, in feine Würfel schneiden. Die Radieschen putzen, waschen und in dünne Scheiben schneiden. Gurke und Äpfel waschen. Die Äpfel entkernen und beides in Würfel schneiden.

Für die Salatsoße Essig, Öl und Senf mit etwas Wasser verrühren, salzen, Schnittlauchröllchen zugeben. Alle Zutaten mischen und die Salatsoße darüber geben.

Unser Tipp: Bunte Nudeln machen den Salat perfekt.
Kleingewürfelte rote, gelbe und grüne Paprikafrüchte passen ebenfalls hinein.
Mit Sonnenblumenkernen bestreut, schmeckt er richtig lecker.

Ganz ohne erhobenen Zeigefinger ging es bei den Tipps zur Festvorbereitung dann auch nicht ab:

> *Neue Pflichten, neue Verantwortungen stehen vor der Tür; mit dem Ablegen des Gelöbnisses zur Jugendweihe obliegt den Eltern auch die Aufgabe, auf die Einhaltung des öffentlichen Versprechens ihrer Kinder hinzuwirken. Denn schließlich sollen es doch nicht nur ein neuer Anzug, ein neues Kleid und gutes Essen und Trinken gewesen sein.* (1984)

Tomatencocktail

- 8 mittelgroße Tomaten
- 1 Teelöffel Zitronensaft
- 1 Esslöffel Öl
- 1 Esslöffel geriebener Meerrettich
- 2 Esslöffel geriebener Apfel
- 4 Teelöffel Tomatenketchup
  (oder 2 enthäutete Tomaten, mit etwas Öl, Essig, Pfeffer und Salz püriert),
- Zucker, Salz, Pfeffer

Die Tomaten abziehen, das feste Fruchtfleisch in Würfel schneiden, mit Salz und Pfeffer würzen. Den Zitronensaft und das Öl untermischen und die Tomatenwürfel eine Stunde marinieren lassen. Dann in Gläser füllen, den Ketchup oder die pürierten Tomaten darüber ziehen und den mit etwas Zucker und Apfel vermischten Meerrettich darüber verteilen. Eiskalt servieren.

Berliner Luft

- 6 ganz frische Eier
- 80 g Zucker
- 15 g Gelatinepulver
- 1/2 Zitrone
- 1 Prise Zimt

Die Eigelb mit dem Zucker schaumig schlagen, mit der aufgelösten Gelatine gründlich vermischen und etwas abgeriebene Zitronenschale, den Zitronensaft sowie Zimt zufügen. Zuletzt die geschlagenen Eiweiß unterziehen, die Masse in eine Form geben und im Kühlschrank stocken lassen.
Vor dem Servieren die Speise stürzen.

Schulabschluss, erste Liebe, Berufswahl, Studium ... Auch wenn Teenager zu DDR-Zeiten noch *Halbstarke* hießen und an manchem Klubhaus zu lesen war: *Nieten in Niethosen unerwünscht* - der Feierlaune tat das keinen Abbruch. Und gefeiert wurde alles, was sich irgend zum Anlass nehmen ließ.

> *Eine bestandene Prüfung, der Abschluß der Lehre oder das Kennenlernen neuer Freunde, immer wieder Anlässe, sich ungezwungen bei heißen Rhythmen um das Kofferradio oder den Plattenspieler zu scharen.* (1974)

Zunehmend wurde jetzt das andere Geschlecht interessant. Die „Frösi" wurde abbestellt und das Magazin „Neues Leben" zum Objekt der Begierde. Die Hefte lockten mit Briefwechselanzeigen, Professor Bormann sorgte für jugendfreie Aufklärung, umrahmt von Modetipps und Neuigkeiten über die DDR-Rockbands.

Tanzstunde - Schulabschluss - Studentenfete

Egal welche Fete angesagt war, jeder hielt sich an das Motto:

... aber alle machen mit!

Tanzstunde – das ist zunächst einmal meist ein häusliches Thema, um das in manchen Familien die Wogen hochgehen mögen. Sohn und Tochter sind herangewachsen und bringen eines Tages mit einem ganz bestimmten Unterton in der Stimme die Unterhaltung darauf: „. . . in meiner Klasse gehen jetzt alle!" 'Alle' ist etwas kühn gesagt, aber die Diskussion ist damit eröffnet. Vaters Stirn umwölbt sich, er ahnt den Ansturm auf seine Brieftasche und brummt zunächst.
Die Jugend aber ist auf Draht und verkündet, daß sie mit dem vom letzten Arbeitseinsatz gesparten Geld ihr Teil dazugeben will .. Die Bekleidungsfrage braucht ebenso wenig zu einem Hinderungsgrund aufgebauscht zu werden. Die hübschen Sommerkleider mit den weit-schwingenden Röcken überm Petticoat sind durchaus auch für die Tanzstunde zu verwenden. (1959)

In Modefragen nämlich war die DDR-Frau jedes Alters eigen. Das nicht gerade vielseitige und nur selten modische Angebot von der Stange führte dazu, dass die meisten ihre Garderobe selbst nähten. Und da wurde abgeschaut, wo sich nur abschauen ließ. Es mussten nicht immer getragene Kleider der Westtante sein, die kopiert wurden, auch in den Anfangsjahren des *Guten Rates* und später in *Pramo* (Praktische Mode) und *Sibylle* fanden sich prima Ideen.

Tanzstunde

Erinnern Sie sich noch an Petticoats, die die Röcke so herrlich schwingen ließen und sich manchmal beim Tanzen selbstständig machten? Leider brachten die landeseigenen Produkte nie genug Fülle, da konnte man ganze Liter von Stärke verwenden. Schaumgummi dagegen war ein echter Volltreffer. Oder *Pfennigabsätze*, gerade breit genug, um in jeder Straßenritze hängen zu bleiben.

Wie eigentlich sind die ostdeutschen Frauen mit diesen Kleidern und diesen Schuhen im täglichen Berufsverkehr zurechtgekommen?

Tanzen Sie gern?

Auf der einen Seite diskutiert man mit Recht das maßlose und durch westlichen Musikimport angeregte wüste Getanze mancher Jugendlichen, meint aber andererseits, 'Tanzstunde' sei für uns ein überholter Begriff, dem von früher her ein unangenehmer Beigeschmack von Standesdünkel und Protzerei anhafte.

Mancher Schulleiter und Lehrer befürchtet vielleicht auch für seine Schüler Ablenkung und Überanstrengung durch die Tanzstunde und ist deshalb dagegen. Man muß aber für die Tanzstunde sein!

1959

Über die häusliche Erörterung hinaus ist die Tanzstunde heute aber auch ein in der Öffentlichkeit sehr diskutiertes Problem. Sie ist im Interesse der Jugend und im Interesse der Hebung des allgemeinen Tanzniveaus von größter Bedeutung.

1952

Passend zum damenhaften Outfit ging es in den fünfziger und sechziger Jahren sehr gesittet zu. In der an Jahren noch jungen DDR durfte man nicht einfach lostanzen, wie man wollte. Da galten Boogie-Woogie und Bebop als alberne Entgleisungen.

Diese Gliederverrenkungen haben nichts mehr mit jener Freude an der anmutigen Bewegung zu tun.

So konnte man 1952 in einer Monatszeitschrift lesen. Eine Tageszeitung startete gar eine Umfrage, deren Ergebnis eigentlich von vornherein klar war. Selbstverständlich lehnten die Befragten die 'Tanzauswüchse' ausnahmslos ab. Doch damit noch immer nicht genug. Die Parteiführung sprach sich nicht einfach nur gegen die 'kritiklose Übernahme der kapitalistischen Unkultur' aus, sie bot auch Alternativen.

Ab 1958 regelte ein Gesetz, dass bei Tanzveranstaltungen mindestens 60% der gespielten Titel von Ostkomponisten stammen mussten. Da ist es nicht verwunderlich, dass die DDR das wahre Urspungsland der modernen Fernsehunterhaltung ist! Lange vor „Pop Stars" und „Star Search" konnte man bei Heinz Quermann *Herzklopfen kostenlos* bekommen. Schon 1959 machte er sich im Auftrag von Partei, Staat, Rundfunk und Fernsehen auf die Suche nach jungen Talenten. Viele der bekannten *Unterhaltungskünstler der DDR* starteten bei ihm ihre Karriere.

Es genügt nicht, die kapitalistische Dekadenz in Worten zu verurteilen, gegen die Hotmusik und die ekstatischen Gesänge eines Presley zu sprechen. Wir müssen etwas Besseres bieten...,

verlangte Walter Ulbricht auf einer Tanzmusikkonferenz jener Jahre. Wenn von so hoher Stelle eine Weisung an die Öffentlichkeit erging, dann konnte man sicher sein, dass etwas Besseres längst in der Schublade lag und nur darauf wartete, dem dankbaren Volk präsentiert zu werden. Das Kind hieß **Lipsi**. Ein eigens vom berühmten Leipziger Tanzlehrerpaar Seifert kreierter *moderner Tanz*, der die tanzwillige DDR-Jugend vom Rock'n'Roll zurück zur sozialistischen Tanzmusik bringen sollte.

Schade nur, dass trotz kaum zu beschreibendem Aufwand mit Lehrfilmen und Tanzwettbewerben keiner so richtig Lust hatte, den neuen Tanz zu tanzen. Im Gegenteil, die undankbare Jugend skandierte:

> *Wir wollen keinen Lipsi und keinen Alo Koll, wir wollen Elvis Presley und seinen Rock'n'Roll!*

Ein paar Jahre später wurden die Röcke enger und kürzer und das Objekt der Begierde hieß nun Strumpfhose. Ansonsten blieb alles beim Alten. Den Beatles erging es nicht besser als dem Rock'n'Roll.

> *Ich bin der Meinung, Genossen, mit der Monotonie des Yeah-yeah-yeah sollte man Schluß machen...,*

verkündete wiederum Walter Ulbricht. Durchsetzen ließ es sich selbstverständlich nicht.

Außerdem starteten in den siebziger Jahren DDR-Rockbands wie die Puhdys, Renft, Karat, Silly, Stern Meißen, Pankow, Holger Biege, Veronica Fischer, Ute Freudenberg... ihre Karriere und bestimmten den Musikgeschmack mit. DT 64, der zum Deutschlandtreffen ins Leben gerufene Jugend-Radio-Sender, lief nun beinah dem *Westradio* den Rang ab und RFT sorgte mit Kofferradios und ersten Kassettenrekordern für mobilen Musikgenuss nach Wunsch.

Wer in diesen Jahren Tanzstunde hatte, lernte Blues und Letkis und ging letztlich in die Disco, wo es ohnehin egal war, ob man die richtigen Schritte kannte.

Damals hieß der DJ noch 'Schallplattenunterhalter' und die meisten dieser Tanzveranstaltungen fanden im Jugendklubhaus statt. Doch wen störte das? Wodka-Cola sorgte für Stimmung. Und statt schwingender Röcke über Petticoats trug man Jeans aus der Jugendmode oder Minikleidchen aus Malimo- oder Präsent-20-Stoffen in schreiend bunten Farben mit jeder Menge Plaste-(nicht Plastik!)schmuck.

My fair Lady

- 2 cl Wermut bitter
- 2 cl Curaçao
- 2 cl Weinbrand
- Sekt
- 1 Zitronenscheibe

Wermut, Curaçao und Weinbrand mit Eis in ein Weinglas geben, umrühren, mit Sekt auffüllen und mit der Zitronenscheibe garnieren.

Fifty-Fifty-Cocktail

- 4cl Gin
- 4 cl Wermut dry

Gin und Wermut mit Eis im Mixglas gut verrühren. Mit Zitronenschale abspritzen.

Schoko-Schwips

- 1 Eigelb
- 2 Esslöffel Zucker
- 1 Teelöffel Kakao
- 4 cl Weinbrand
- 1 Schuss Kirschlikör
- 0,1 l Milch

Eigelb, Zucker, Kakao, Weinbrand und Kirschlikör im Shaker mit Eis mixen und mit Milch auffüllen.

Astoria Cocktail

- 2 Spritzer Wermut bitter
- 2 cl Wermut rot
- 4 cl Gin

Zutaten mit zerstoßenem Eis im Mixglas rühren, mit Zitronenschale abspritzen.

Die Schuldisko

Söhne und Töchter konfrontieren ihre Eltern eines Tages mit der Forderung, eine Schuldisko besuchen zu wollen. Den Besuch einer öffentlichen Tanzveranstaltung haben Sie bisher noch nicht gestattet. Wie aber ist das mit der Disko? Daß sie in den Räumen der Schule durch die FDJ veranstaltet wird und der Erlös in vielen Fällen der Solidarität zugute kommt, gibt meist den Ausschlag. Warum soll sich ihr Kind nicht bei Tanz und Musik mit Gleichaltrigen amüsieren?

Wünschenswert, wenn es nicht bei der einmal erteilten Erlaubnis bliebe, sondern wenn die Erwachsenen auch Anteil an Inhalt und Form der Schuldisko nehmen würden, denn es kann und darf ihnen nicht gleichgültig sein, ob die Disko eine wirkliche Musikunterhaltung ist oder lediglich eine Beschallung in kaum erträglicher Phonstärke darstellt.

1977

Tipps für die Plattenbar I

- *Die Sterne der Heimat*
  Fred Frohberg
- *Heute spielt der Konstantin Klavier*
  Bärbel Wachholz
- *Damals*
  Bärbel Wachholz
- *Einmal weht der Südwind wieder*
  Rica Déus
- *Blonder Stern*
  Frank Schöbel
- *In der Mocca-Milch-Eisbar*
  Natschinski & Gruppe
- *Männer die noch keine sind*
  Chris Doerk
- *Türen öffnen sich zur Stadt*
  Puhdys
- *Geh zu ihr und laß deinen Drachen steigen* - Puhdys
- *Du hast den Farbfilm vergessen*
  Nina Hagen und Automobil
- *Auf der Wiese*
  Veronika Fischer
- *Gartenparty*
  Gruppe WIR

Räucherfisch in Blätterteig

- 350 g Räucherfisch
- 1 Paket gefrosteter Blätterteig
- 2 Eigelb
- 2 Zwiebeln
- Schnittlauch

Räucherfisch von Haut und Gräten befreien. Den aufgetauten Blätterteig in ca. 8 cm breite Streifen schneiden. Die Hälfte der Streifen mit geschlagenem Eigelb bestreichen, Räucherfisch darauf verteilen, mit Schnittlauchröllchen und dünnen Zwiebelscheiben belegen. Mit der anderen Hälfte der Blätterteigstreifen abdecken. Die Ränder mit einer Gabel fest andrücken und den oberen Teil einige Male anstechen. Die Blätterteigstücke auf ein mit Wasser bespritztes Backblech legen. Die Teigstücke ebenfalls mit Wasser bespritzen oder mit dem restlichen verschlagenen Ei bestreichen. Im vorgeheizten Ofen bei Mittelhitze ca. 15 Minuten goldbraun backen.
Nach Geschmack mit Zitronensaft oder Worcestersoße servieren.

Die beste Zeit für Feiern sind - klar doch - die Ferien. Der brave DDR-Schüler (andere gab es sowieso nicht) hatte 96 Tage Ferien, verteilt aufs Jahr, plus 10 weitere schulfreie Tage. Ganze 8 Wochen gehörten hiervon den Sommerferien. Im Juli und August war Erholung angesagt. Zuerst einmal Ferienlager. Es gab kaum einen größeren Betrieb im Land, der nicht über ein *Betriebsferienlager* für die Kinder seiner *Betriebsangehörigen* verfügte. Können Sie sich vorstellen, dass es sogar hierfür Regeln und Beschlüsse gab?

> *Hauptaufgabe der Ferien ist es, körperliche Kräftigung und Gesunderhaltung der Schüler zu sichern und den sozialistischen Bildungs- und Erziehungsprozeß weiterzuführen.* *(Aus dem Handbuch für Freundschaftspionierleiter)*

Zum Glück sah die Realität viel normaler aus. Spiele, Toben, Feiern. Beliebt waren neben der obligatorischen Lager-Disco alle möglichen Feste, angeführt vom Neptunfest, wenn wenigstens ein Dorfteich in der Nähe war.

Vor allem aber wurde das Ende der Schulzeit gefeiert. Natürlich wurde am letzten Schultag die Schule okkupiert und den Lehrern mittels Trillerpfeife verdeutlicht, dass nun die Zeiten vorbei waren, da die *jungen Leute* nach deren Pfeife tanzten.

Und natürlich gab es einen offiziellen Abschlussball. Doch zum Glück wurde fernab von Eltern, Lehrern und Schule noch eine klasseninterne Abschlussfete organisiert. Absolute Renner waren hierfür die Datschen der Eltern: keine Kommentare, keine Aufpasser, keine Vorschriften.

Gefülltes Brot

- 1 kleines Weißbrot
- 2 Päckchen Speisequark
- 2 Ecken Schmelzkäse
- 4 Esslöffel Joghurt
- 2 rote Paprikafrüchte
- 4 Esslöffel feingehackte Petersilie
- Salz, Pfeffer

Das Weißbrot quer halbieren und aushöhlen. Den Quark und den Schmelzkäse durch ein Sieb streichen, mit dem Joghurt, den in Würfel geschnittenen Paprikaschoten und Petersilie vermischen, mit Salz und Pfeffer würzen. Die Masse in die ausgehöhlten Weißbrothälften füllen. Das Brot wieder zusammensetzen und fest in Alufolie einwickeln, einige Zeit kalt stellen.
Vor dem Servieren in Scheiben schneiden. Zum gefüllten Brot schmecken Frischkost und Gemüsesalate besonders gut.

Partybrot

- 1 Weißbrot
- 100 g Butter
- 500 g Bierschinken (Jagdwurst oder Mortadella)
- 500 g Tomaten
- 2 Zwiebeln
- 2 Päckchen Schnittkäse
- 1 Bund Radieschen
- 1 Bund Petersilie
- Salz, Pfeffer

Das Weißbrot der Länge nach durchschneiden, mit Butter bestreichen, mit Wurst und Tomatenscheiben belegen. Zwiebelwürfel darauf streuen, mit Salz und Pfeffer würzen und mit den Käsescheiben abdecken.
Im gut vorgeheizten Ofen etwa 10 Minuten überbacken. Mit Radieschen und Petersilie garnieren.

Unser Tipp: Anstelle von Tomaten können auch Gurken, Paprikafrüchte oder Champignons zwischen Wurst und Käse gelegt werden.

Essen und Trinken spielten bei diesen Festen nicht unbedingt eine herausragende Rolle. Beliebt waren Würstchen, einfache Salate und vor allem *Cola mit Schuss.*

Allerlei Würstchen

Keine Fete ohne heiße Würstchen aller Art. Die Anzahl der Bockwürste, Wiener, Knacker oder Bratwürste richtet sich nach der Teilnehmerzahl der Feier.

Die Würste werden erhitzt, gegrillt oder gebraten, mit Butterbroten, frischem oder eingelegtem Gemüse und mit feurig-würzigen Soßen zu Tisch gegeben.

Höllenfeuer

- 20 g Mayonnaise
- 1 Esslöffel Joghurt
- 2 Esslöffel Meerrettich
- 1 Esslöffel Tomatenketchup
- 1 Teelöffel Zitronensaft
- Salz, Pfeffer

Alle Zutaten mischen. Nach Geschmack mit Salz und Pfeffer würzen.

Frühlingshauch

- 2 Esslöffel saure Sahne
- 1 Esslöffel Mayonnaise
- 1 Esslöffel Zitronensaft
- 1 Teelöffel Edelsüßpaprika
- 1 Teelöffel Paprikawürfel
- 1 Teelöffel Zwiebelwürfel
- einige Spritzer Worcester- oder Peppersoße

Alle Zutaten mischen. Nach Geschmack mit Worcester- oder Peppersoße würzen.

Übrigens: Die Rezepte für diese und die folgende Soße reichen für 4 Personen.

Es war durchaus üblich, einige Kreationen zu erproben: Mischen Sie doch einmal Pflaumenmus, Joghurt, Senf und Zitronensaft ... das Ergebnis ist viel leckerer als Sie es sich vielleicht vorstellen!

Das Getränkekombinat Dessau brachte mit „Rum-Cola" sogar ein alkoholisches Mischgetränk auf den DDR-Getränkemarkt. Überhaupt Cola. Es ist kaum zu glauben, aber von diesem Kultgesöff gab es im Land mindestens zehn verschiedene Sorten. Alle schmeckten süß bis grauenhaft und waren doch unverzichtbarer Bestandteil jeder Fete.

Wie die Musik. Wer keine Verkäuferin im Plattenladen kannte und somit nicht an die begehrten Lizenz-LP's herankam, der nahm sich alles, was er wollte, auf Kassette auf. Als Geheimtipp galten auch die Polnischen Kultur- und Informationszentren in den großen Städten. Irgendwie gelangten hier immer mal wieder Schallplatten ins Angebot, mit denen man eigentlich nicht rechnen konnte: Alphaville, Donovan, Janis Joplin, Jimmy Hendrix, John Lennon oder Queen.

> *Der Disko-Sprecher wird aus dem Kollektiv der Arbeitsgruppe gewählt. Am besten ist es, zu jeder Veranstaltung zwei oder drei Freunde zu suchen, die sich dann ablösen können. Alle Freunde, die als Sprecher eingesetzt werden, treffen sich mindestens zweimal in der Woche nach Unterrichtsschluß und machen sprecherzieherische Übungen. Hierbei hilft vielleicht ein Pädagoge, der Rezitationszirkel anleitet. Die AG „Disko" tagt wöchentlich einmal, um die Programme langfristig vorzubereiten. Wichtig sind Themen, die junge Leute interessieren, vorwiegend geistig-kulturelle.* (1977)

Nein, einfach nur Musik, das ging nicht und so gründete man AG's (Arbeitsgemeinschaften), verteilte Aufgaben von Programmgestaltung bis Ordnung und Sicherheit und nannte den DJ ganz DDR-konform „Disko-Sprecher"!

Laue Nacht

- 20 g Mayonnaise, 1 Esslöffel Joghurt
- 1 Esslöffel Tomatenketchup
- 1 Esslöffel Senf, 1 Teelöffel Apfelmus
- Worcestersoße, Pfeffer

Alle Zutaten mischen. Nach Geschmack mit Worcestersoße und Pfeffer würzen.

Feten, Feiern, Party - wieso nur hält sich so hartnäckig das Gerücht, dass die Studienzeit aus nichts anderem bestanden habe? Dabei kann das eigentlich gar nicht sein, denn in der DDR zu studieren war genaugenommen nichts anderes als eine verlängerte Schulzeit mit *höheren* Ansprüchen und Anforderungen. Es gab vorgeschriebene Studienpläne, Studienhefte, die die Zeugnishefte der Schule ersetzten und penibel geführt werden mussten, wollte man zur Prüfung zugelassen werden. Anwesenheitsnachweis Seminar, Anwesenheitsnachweis Vorlesung, Semesternoten, Zwischennoten, Vornoten ... keine Chance, sich Studienfächer selbst zusammenzustellen oder Vorlesungen zu wählen. Ein fester Stundenplan sorgte für Ordnung - und ließ dennoch genügend Zeit, die Freiheiten des studentischen Lebens zu genießen.

Geht es Ihnen auch so, dass Sie bei einem Treffen mit ehemaligen Kommilitonen ganz schnell bei dem Thema aller Themen angelangt sind: Erinnerst du dich noch an die kleine Kneipe auf dem Weg zur Vorlesung so und so ... Kennst du noch den kleinen Laden an der Bushaltestelle, in dem wir immer unseren Wein gekauft haben? Traubenwein für 1,19 M die Flasche ... Was für ein Gesöff!

Studentenfete

Zu allem Überfluss gab es noch ausreichend Anlässe im Studienalltag, die nach Fete und Party geradezu riefen: Ernteeinsatz, ZV-Lager, GST-Lager, Studentensommer.

Wann immer die Volkswirtschaft willfährige Arbeitskräfte brauchte, bediente sie sich in den Hoch- und Fachschulen. Sichere Kandidaten waren Braunkohle und Obsternte, aber auch Berlin-Initiative und diverse Großereignisse wie Sportfeste oder Jugendtreffen sorgten für Studienunterbrechung.

Nicht mehr Daheim

Wenn ein junges Mädchen oder ein junger Mann, der Schule mit Erfolg und guten Noten entwachsen, sich auf die Reise begibt, um in Dresden oder Freiberg, Jena oder Greifswald ein Studium aufzunehmen, dann ist damit einer der großen Einschnitte in die bisherigen Lebensgewohnheiten verbunden ... Das betrifft auch die Ernährung. Kam vorher das Geld dafür aus Vaters oder Mutters Tasche, so stehen sie nun mit einem Stipendium oder dem Zuschuß der Familie vor der Notwendigkeit, ihr Geld, ihren Appetit und ihre Vorlieben unter einen Hut zu bringen.

1974

Flaschenparty

Ausgelassen, waghalsig, ja sogar ein bißchen verrückt ... ist eine bunte ausgelassene Flaschenparty, die sich besonders unter jungen Menschen großer Beliebtheit erfreut. Bei dieser Feier sind die Gäste verpflichtet, je eine Flasche Trinkbares oder einen Beitrag zum Imbiß mitzubringen. Meist erfolgt die Einladung zu dieser Party ohne Formalitäten; manchmal entschließen sich ein paar Freunde ... ganz spontan.

1978

Doch egal wo und wann - immer war Improvisation angesagt. Feten wurden nicht geplant, sie fanden statt. Selbst wenn sie hinterher als *Beitrag zur Bildung des sozialistischen Studentenkollektivs* abgerechnet wurden. Einzige Ausnahme bildete das *Bergfest* - jener Zeitpunkt, der die Hälfte der Studienzeit markierte und irgendwie die Ausrottung bürgerlicher Traditionen überlebt hatte.

Außer Frage steht, dass nicht nur Studenten zu feiern wussten. Doch eine Untersuchung zum Freizeitverhalten Jugendlicher aus den achtziger Jahren konstatiert:

> *Männliche Jugendliche interessieren sich für Fußball, Skat und Kraftfahrzeuge, weibliche für Geselligkeit, Tanz, Tourismus und Mode ... (1986)*

Aber, aber, was ist nun mit der Gleichberechtigung und den *sozialistischen Werten*? Das klingt so durch und durch *bürgerlich*, dass man sich fragt, hat die *sozialistische Erziehung* versagt?

Und wie sollen wir jene schöne Geschichte einordnen, in der Studenten nach der Diplomprüfung das Studium zu Grabe trugen, sehr vorschriftsmäßig mit schwarzen Fahnen, schwarzen Gehröcken und Zylindern, sogar mit echten Särgen und trauriger Musik in einer ergreifenden Prozession ... nur unglücklicherweise genau auf der Straße vor der SED-Bezirksleitung?

Denken wir einfach nicht über die Folgen unbedachter Feierei nach und machen uns auf den Weg zur nächsten Fete im *FDJ-Studentenklub* oder im *Jugendklub* um die Ecke. Wir können uns auch in unserer Lieblingskneipe treffen oder im Internat (Wohnheim) oder... ach egal, irgendwo wird schon 'ne Feier sein.

Zitronenflip

- Saft einer 1/2 Zitrone
- 2 cl Curaçao
- 2 cl Wodka
- 1 Eigelb
- 1 Teelöffel Zuckerlösung
  (hierfür 1 Tasse Zucker in 1/2 Tasse Wasser unter Erhitzen auflösen)
- Milch

Zitronensaft, Curaçao, Wodka, Eigelb und Zuckerlösung mit Eis im elektrischen Mixer verquirlen, mit Milch auffüllen. Mit einer Zitronenscheibe garnieren.

Einem Studenten der Tiermedizin werden zur Abschlußprüfung drei Knochen vorgelegt. Der Professor fragt: „Können Sie diese Knochen bitte zuordnen?" Der Student kann die Frage nicht beantworten und überlegt. Darauf der Professor: „Na, was haben Sie denn bei uns die ganze Zeit studiert?" Jetzt fällt es dem Studenten ein: "Sagen Sie bloß, das sind die Knochen von Marx, Engels und Lenin!?"

Kalkutta Cola

- 2 Esslöffel Pfirsich- oder Ananaswürfel (frisch oder Konserve)
- 4 Spritzer Zitronensaft
- 1 Flasche Cola
- Currypulver

Ein hohes Glas halb mit Eis füllen, Früchte und Zitronensaft dazugeben, mit Cola auffüllen, kurz umrühren und Currypulver darüber streuen.

Unser Tipp: Für das originale Geschmackserlebnis Konservenfrüchte und Vita Cola verwenden!

Wermut - Crusta

- 1 Zitronenspalte
- Zucker
- 4 cl Wermut
- 2 cl Zitronensaft
- 2 cl Weinbrand

Den Rand eines Weinglases mit der Zitronenspalte befeuchten und in dem Zucker drehen, bis ein Rand am Glas entsteht.
Im Shaker Wermut, Zitronensaft und Weinbrand mit Eis mixen. In das präparierte Glas füllen. Vorsicht: beim Eingießen nicht den Zuckerrand zerstören.

Wermut war in den siebziger und achtziger Jahren ein durchaus beliebtes Partygetränk. Und wenn Wermut, hieß das Objekt der Begierde *Gotano* - weiß, rot, süß und bitter; außerdem gab es noch *Hornano* und diverse Wermutgetränke. Letztere hatten vor allem einen Vorteil: sie waren wirklich preiswert!

Saurer Wein

- 10 cl Weißwein
- 2 cl Zitrone
- 1 Cocktailkirsche
- 1 Zitronenscheibe

Weißwein und Zitrone mit Eis in ein Glas geben, mit Zitronenscheibe und Cocktailkirsche garnieren.

Unser Tipp: Ein trockener anhaltinischer oder sächsischer Landwein eignet sich hierfür besonders gut, zum Beispiel von den Winzern an Saale und Unstrut oder aus der Lommatzscher Pflege.

Warmes Eckchen

- 1 Dose Rindfleisch im eigenen Saft
- 1 Päckchen Pilz- oder Bratensoße
- 4 Esslöffel Erbsen (Konserve)
- 4 Scheiben Mischbrot
- 4 Setzeier

Das Rindfleisch in Scheiben schneiden, die Soße nach Vorschrift zubereiten. Fleisch und Erbsen darin erwärmen. Auf den Mischbrotscheiben anrichten, die Setzeier darauf geben und hübsch garniert servieren.

Übrigens: Neben der guten alten „Karlsbader Schnitte" genoss das „Warme Eckchen" Kultstatus. Nicht nur am heimischen Herd kam es immer zum Einsatz, wenn Braten- oder Wurstreste auf Verbrauch drängten. Es zierte auch die Karten mancher HO- und Konsumgaststätte.

Karlsbader Schnitte

- 4 Scheiben Toastbrot
- 4 Scheiben gekochter Schinken (wahlweise Jagdwurst oder Bierschinken)
- 4 Scheiben Schnittkäse
- Butter, Worcestersoße

Den Toast dünn mit Butter bestreichen, je eine Scheibe Schinken und Schnittkäse auflegen und im vorgeheizten Ofen überbacken, bis der Käse leicht gebräunt ist. Mit Worcestersoße servieren.

Übrigens: Da es Schinken selten gab, griff man zumeist zur Jagdwurst. Oft wurde der Toast auch statt mit Butter mit Ketchup bestrichen.

Was flüstern sich Honecker und Breshnjew beim obligatorischen Küsschenaustausch zu?
Haste mir was mitgebracht, kann auch aus dem Westen sein!

Vielleicht war dies der meistgebrauchte Satz im *sozialistischen Arbeiter- und Bauern-Staat.* Kaum hatte sich Westbesuch angemeldet, stellte sich die Frage nach den Mitbringseln. Lux Seife nett verpackt neben Jacobs Kaffee und einigen Tafeln Schokolade von Aldi. Beliebt waren auch Puddingpulver und die abgetragenen Kleider der Tante aus der letzten Saison.

Glücklicher waren da all jene, die über einige Mark „harter Währung" oder später weniger harte „Forumschecks" verfügten. Damit öffneten sich die Tore zum Einkaufsparadies, *Intershop* genannt.

Und alle anderen? Die stellten die Frage aller Fragen ebenso. Schließlich musste man doch herausbekommen, was der andere dank *Vitamin B* ergattert hatte. Eine Kiste Radeberger Exportbier für ein Paar Trabantscheibenwischer? Prima, da kann die Party steigen!

Hochzeit - Geburtstag - Gartenparty

... haste mir was mitgebracht?

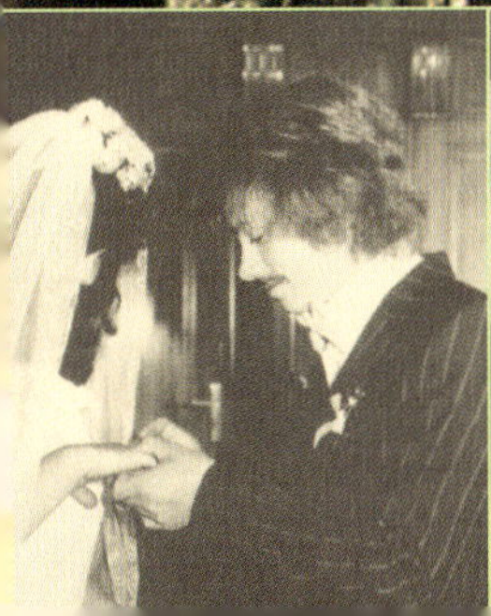

Geheiratet wurde in der DDR immer - in Weiß oder in Jeans, auf dem Standesamt oder in der Kirche. Das junge Eheglück lag natürlich auch *dem Staat* am Herzen. Zuerst einmal wurde die Ehe in das neue gesellschaftliche Regelwerk eingeordnet.

> *Mit der Eheschließung begründen Mann und Frau eine für das Leben geschlossene Gemeinschaft, die auf gegenseitiger Liebe, Achtung und Treue, auf Verständnis und Vertrauen und uneigennütziger Hilfe füreinander beruht. Ein harmonisches Ehe- und Familienleben gibt Kraft für die Entfaltung des einzelnen und damit unserer ganzen Gesellschaft.* (1962)

Ende der fünfziger Jahre propagierte man die Eheschließung im Betrieb. Aus heutiger Sicht ein wahrlich seltsamer Einfall!

> *Als man daran ging, die Möglichkeit zu schaffen, Eheschließungen in den Betrieben zu feiern, lagen dem zunächst einmal die offen geäußerten Wünsche unserer jungen Menschen zugrunde, aber auch der Gedanke, daß diejenigen, die Tag für Tag die Arbeit und die Sorgen um die Produktion teilen, auch bei den privaten Freuden vereint sein sollten.* (1959)

Hochzeit

In den siebziger Jahren, als man sich die *Einheit von Wirtschafts- und Sozialpolitik* auf die Fahnen schrieb, war es egal, wo gefeiert wurde, Hauptsache es wurde geheiratet. Der Schritt in die richtige Richtung wurde mit einem Startkapital - pardon *Ehekredit* - versüßt. Ab 1972 konnte jedes Paar, das jünger als 30 war, Waren im Wert bis zu 5.000 Mark auf Kredit erwerben.

In einem Land, in dem Angebote für Kreditkäufe die Ausnahme und die Löhne und Gehälter nicht gerade üppig waren, half diese Regelung mehr als nur wirtschaften.

Liebe in unser Zeit

Ehen werden auf Erden geschlossen, denn sie sollen sich auch auf dieser unserer Erde bewähren, heute, morgen und in einer glückvollen Zukunft. Ist es deshalb ein Wunder, wenn junge Menschen danach verlangen, ihren schönsten Tag, ihren Hochzeitstag, so zu feiern, wie es ihrer Gegenwart und ihren Vorstellungen vom Leben entspricht? Die Eltern der Brautleute ... werden zweifelnd fragen: „Ja soll denn der Ehestand so ohne jede Feierlichkeit beginnen, nur so mit der Erledigung der Formalitäten auf dem Standesamt?" Nein, feierlich und schön soll es sein!

1959

Heiraten

Viele Betriebe verfügen heute bereits über einen Kulturraum, der aus Anlaß einer Eheschließung benutzt werden kann ... Blumenschmuck tritt zu der zu einem solchen Raum gehörenden Ausschmückung mit Fahnen und Bildern der führenden Männer unserer Republik. Chor, Musikgruppe, Rezitatoren werden ihr Bestes zum Programm beisteuern, gegebenenfalls durch Fachkräfte unterstützt.
1959

Die Paare erhielten auf den Standesämtern sogar eine Liste (ohne Planung und Listen ging es nirgendwo!) mit den für Kreditkäufe zugelassenen Waren: Möbel, elektrische Küchen- und Haushaltsgeräte, Porzellan, Leuchten, Wäsche, das ganze Programm. Das hieß zwar nicht, das das entsprechende Stück gerade im Handel verfügbar war, aber auch hier hatte man Vorteile und kam ziemlich weit oben auf die Wartelisten.

> *Die Meinungen hinsichtlich des Lebensstils mögen noch so unterschiedlich sein, nach einem streben alle: den Haushalt mit möglichst wenig Zeit- und Kraftaufwand zu meistern ... Wichtig ist es, die Küche praktisch auszustatten ... Auch beim kleinsten Gegenstand macht sich gute Qualität bezahlt, die sich nicht nur in längerer Haltbarkeit, sondern auch in der Funktionstüchtigkeit zeigt. (1968)*

Wir lasen es ja schon: Ehen wurden in der DDR auf Erden und nicht im Himmel geschlossen. Und wenn die geschenkten Haushaltsgeräte dann noch das taten, wofür sie im Rahmen der *Konsumgüterproduktion* gebaut worden waren, dann hatte man den Himmel auf Erden.

Sekt-Cocktail

- 2 Spritzer Curaçao
- 1 Spritzer Cherry Brandy
- Sekt

Curaçao und Cherry Brandy in ein Cocktailglas geben und mit Sekt auffüllen. Mit einem Trinkröhrchen servieren.

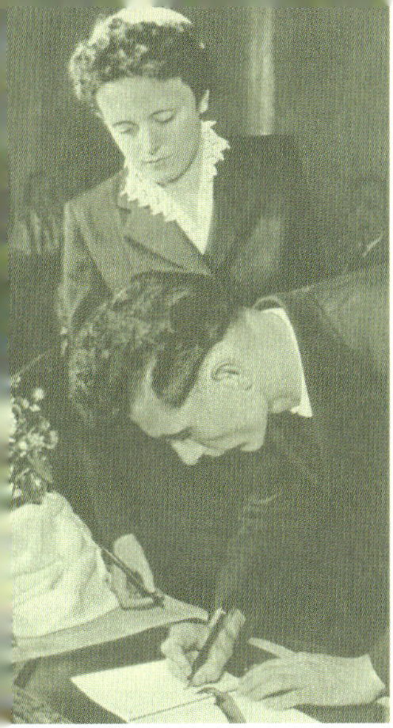

Camembert-Cocktail

- 250 g noch schnittfester Camembert
- 200 g Essiggemüse (Mixed Pickles)
- 2 kleine Zwiebeln
- Öl, Zitronensaft, Salz
- Zucker, Peppersoße
- Petersilie, Schnittlauch
- Gurkenscheiben

Käse und Essiggemüse in Würfel, die Zwiebeln in Ringe schneiden. Alles mischen und mit Öl, Zitronensaft, Salz, Peppersoße und Zucker abschmecken. In Cocktailgläsern anrichten, mit Petersilie, Schnittlauch und Gurkenscheiben servieren.

Hochzeit feiern ist wunderschön. Stimmt! Aber wer für das leibliche Wohl der Festgesellschaft sorgen muß, hat es nicht ganz leicht. Tausenderlei ist zu bedenken, denn es soll ja rundherum schön werden und wie am Schnürchen klappen, damit sich alle recht wohl fühlen. Am Festtag darf es keinerlei Hetzerei und keinen Verdruß geben. Da heißt es zunächst Block und Bleistift zur Hand nehmen, gut nachdenken und notieren. (1954)

Kaltschale „Balaton"

- 4 Tomaten
- 1 Knoblauchzehe, 1 Zwiebel
- 1 kleine Salatgurke
- 1 grüne Paprikafrucht
- 1 Zitrone
- 3 Esslöffel Sonnenblumenöl
- 1/2 Liter kalte, entfettete Fleischbrühe
- Eiswürfel, Salz, Pfeffer

Die abgezogenen reifen Tomaten pürieren, die Knoblauchzehe zerreiben. Zwiebel, Salatgurke und Paprika klein würfeln, mit Zitronensaft, Öl, Fleischbrühe und Eiswürfeln zu den Tomaten geben. Mit Salz und Pfeffer würzen.
Eisgekühlt servieren.

Kalte Biersuppe

- 5 Esslöffel Reis
- 1/2 Zitrone
- 2 Flaschen Bier, Wasser
- 1 Prise Salz
- 50 bis 60 g Zucker
- 20 g Stärkemehl
- 1 Eigelb
- 2 Esslöffel Sultaninen

Den vorbereiteten Reis zusammen mit Zitronensaft und etwas Zitronenschale ausquellen lassen. Abkühlen. Das Bier mit der gleichen Menge Wasser, Zucker und etwas Zitronensaft zum Kochen bringen, mit dem angerührten Stärkemehl binden und mit dem Eigelb legieren. Reis und Sultaninen in eine Terrine geben, die Suppe darüber gießen und zugedeckt abkühlen lassen.

Schweinerückensteak „Strindberg“

- 4 Esslöffel Senf
- 2 Esslöffel Meerrettich
- 20 g Curry, Worcestersoße
- 100 ml Weißwein
- 4 Schweinerückensteaks
- 1 Esslöffel Mehl
- 2 große Zwiebeln
- 4 Eier
- Schmalz, Butter
- Salz, Pfeffer

Aus Senf, Meerrettich, Curry, Worcestersoße und Weißwein eine streichfähige Masse herstellen. Die Steaks mit Salz und Pfeffer würzen, in Mehl wenden. Auf der einen Seite mit der zuvor zubereiteten Masse bestreichen, mit feingehackter Zwiebel bestreuen. Auf der garnierten Seite zuerst durch geschlagenes Ei ziehen und in heißem Schmalz braten. Zuerst bei starker Hitze, nach vorsichtigem Wenden die Hitze verringern. Zuletzt die Butter hinzufügen. Kurz mit erhitzen.

Unser Tipp: Steaks „Strindberg“ sollten innen noch saftig sein. Als Beilage eignen sich Pommes frites, Röstikartoffeln und Rohkostsalate.

Als Getränk empfehlen wir einen Weißwein oder auch Bier.

Wichtig ist die Tageseinteilung. Findet die Trauung am zeitigen Vormittag statt, dann kann das Hochzeitsmahl zu Mittag gereicht werden. Ist die Trauung aber in der Mittagsstunde, dann wäre ein Gabelfrühstück angebracht. Nach der Trauung würde die Kaffeetafel die Gäste vereinen und in den zeitigen Abendstunden das Festessen aufgetragen werden.

Es hat keinen Sinn, sich für Essen und Trinken so in Unkosten zu stürzen, daß dann hinterher Sorgen entstehen, wie das Geld für dringend notwendige Ausgaben beschafft werden soll. (1964)

Hecht mit Käsesauce

- 750 g Hecht
- 1/8 Liter Weißwein
- 4 Pfefferkörner
- Salz, Petersilie
- 50 g Margarine
- 1 Zwiebel
- 30 g Mehl
- 1/4 Liter Sahne
- 50 g Reibekäse
- Pfeffer, Muskat

Den Hecht ausnehmen, Flossen und Schwanz entfernen. Den Fisch säubern und portionieren.
Aus 1 Liter Wasser, Wein, Pfefferkörnern, Salz und Petersilienstengeln einen Sud bereiten. Die Fischportionen einlegen und etwa 15 Minuten gar ziehen lassen. Dann vorsichtig herausheben.

Aus gehackter Zwiebel, etwas Margarine und Mehl eine helle Schwitze bereiten, mit durchgeseihtem Fischsud und der Sahne zu einer glatten Soße verkochen. Den Reibekäse zufügen. Mit Salz, Pfeffer und Muskat abschmecken.

Die Fischportionen mit der Soße übergießen und mit Petersilie garniert anrichten. Dazu schmecken gebutterte Petersilienkartoffeln.

Die Bräuche am Hochzeitstage waren östlich der Elbe keine anderen als im *kapitalistischen Nachbarland.* Auch hierzulande durfte der Bräutigam die Braut nicht vorher sehen, wurden Pfennige für die Brautschuhe gesammelt und eifrig Holzstämme zersägt. Auch im Sozialismus verzichtete die Braut nicht auf das weiße Kleid (oft selbstgeschneidert) und Schleier, auf Blumenmädchen und Brautstrauß, auf Hochzeitstorte und Hochzeitsreise. Die führte entweder ins *FDGB-Ferienheim* oder auf den Campingplatz, nach Ungarn oder Polen und mit etwas Glück sogar ans Schwarze Meer.

Alte und neue Gepflogenheiten wurden eifrig gepflegt. Die Jugend verlobte und entlobte sich, zog zusammen und probierte die Ehe aus. Der obligatorische *Junggesellenabend* fehlte ebenso wenig wie der Polterabend. Silberne und Goldene Hochzeiten wurden gefeiert und so mancher feierte auch seine Scheidung.

Flambierte Kirschen „Napoli"

- 1 Glas Sauerkirschen
- 30 g Butter
- 50 g Mandeln
- 4 cl Kirschgeist
- 4 Kugeln Zitroneneis

Die Sauerkirschen abtropfen lassen und entsteinen. In der Pfanne die Butter erhitzen, die Kirschen gut durchschwenken und mit abgezogenen, gehobelten Mandeln bestreuen.

Den Kirschgeist erwärmen und die Kirschen damit flambieren. Alles auf einem gekühlten Teller servieren, wobei obenauf eine Kugel Zitroneneis gegeben wird.

Kaiser-Melange

- 1 Tasse starker Kaffee
- 1 Tasse heiße Milch
- 1 Eigelb
- 1 Teelöffel Zucker
- 2 Spritzer Weinbrand
- 2 Esslöffel geschlagene Sahne

Bis auf die Sahne alle Zutaten miteinander vermischen. In ein Glas geben und mit Sahnehäubchen garnieren.

Der mündige DDR-Bürger feierte seine Geburtstage nicht einfach nur *en familie*. Auf jeden Fall war dann eine Runde für die Brigade oder das Kollektiv fällig. Und damit war nicht einfach nur ein Gläschen zum Anstoßen gemeint, da musste man sich schon etwas einfallen lassen. Am einfachsten war noch immer der selbstgebackene Kuchen. Doch zeugte der nicht wirklich von Kreativität. Auch mit belegten halben Brötchen aus der Betriebskantine, auf denen sich der Schnittkäse schon wellte, konnte man sich nicht unbedingt Freunde schaffen.

Wer mit Tischgrill und selbst bereiteten Chutneys anrückte, hatte da eventuell schon bessere Karten. Wer gar als Dauercamper oder Laubenpieper ins Grüne laden konnte, war erst recht fein raus.

Und wem die Jahreszeit einen Strich durch die Rechnung machte, der konnte nach der obligatorischen Runde in der verlängerten Mittagspause noch immer ein paar kollektive Freunde zum Kegeln oder nach Hause bitten.

> *Feste brauchen neben gutem Essen auch Unterhaltung. Es überwiegen kulturelle Genüsse: Man hört gemeinsam gute Musik, spricht über die letzte interessante Fernsehfolge oder findet Entspannung bei Sport und Spiel.* (1974)

Geburtstag

Vergessen wir nicht die runden Geburtstage, jene offiziellen Anlässe, die eine ganze Schar von *Funktionären* auf den Plan riefen. Da kamen die Betriebs- und die Gewerkschaftsleitung, Parteisekretär und Jugendorganisation, Vertreter der Patenklasse und der Jugendbrigade, Abgeordnete des eigenen Arbeitskollektives und eventuell noch die Verantwortlichen der Volkssolidarität oder des Demokratischen Frauenbundes. Alle wollten bewirtet und unterhalten werden und nicht alle wollten so schnell wieder gehen, wie man es wünschte und die Größe der Neubau-

Planung ist alles

Die Zahl der Gäste richtet sich nach dem Anlaß des Festes und der Größe der Wohnung. Nachmittags sind 4 bis 8, abends 8 bis 10 Gäste zu empfehlen. Jede Geselligkeit wird um so erfolgreicher, je besser Ihre Gäste zueinander passen.

1974

wohnung erforderte. Wohl dem, der die ganze Prozedur am Arbeitsplatz über sich ergehen lassen konnte. Unter dem Aspekt rationeller Zeitauslastung konnten die Feierwilligen hier nicht ewig verweilen. Wohlwollende Worte, ein, zwei, drei Gläschen zum Anstoßen, dann rief wieder die Pflicht.
Und während die Kollegen das nächste Schaschlik auf dem Partygrill platzieren, *ging alles seinen gewohnten Gang.*

> *In Ihrem Haushalt sollten immer je 1 Flasche Rot- und Weißwein sowie Wermut vorhanden sein. Wenn Sie dann noch 1 bis 2 Flaschen neutrale Spirituosen haben, werden Sie eine ganze Menge interessanter Getränke für Ihre Gäste bereiten können.* (1978)

Erinnern Sie sich noch?
„Lunikoff" Wodka — „Goldbrand" Erzeugnis mit Weinbrand aus Wilthen
„Schilkin" Wodka — „Serschin" Wodka — „Bergkristall" Klarer
Kirsch mit Whisky — „Timms Saurer" Wodka mit Zitrone — „Kristall" Wodka
„Kreuz des Südens" Aprikosenlikör mit Rum — „Der Falckner" Whisky
„Advocaat" Eierlikör — „Sambalita" Maracuja Tropic-Frucht
„Wurzelpeter" Kräuterlikör — „Zinnaer Klosterbruder" Kräuterlikör

Die Weine kamen zumeist aus Bulgarien und Ungarn, aber auch Unstrut und Elbe lieferten edle Tropfen und erstaunliche Kreationen wie das unvergessene Fruchtweingetränk mit dezenter Pfirsich-Note *„Fruchtiger Bad Kösener"*, auf dem sich fröhliche Weingeister tummelten. Unvergesslich ist auch der *Traubenwein* aus „Weintrauben volksdemokratischer Länder". Liegend und kühl sollte der Mehrfruchttischwein *Hirschblut* aufbewahrt werden, auch *Schlucki* versprach gut gekühlt ein Genuss zu sein.

> *Weinflaschen sollen bekanntlich liegend gelagert werden. Legt man die Flaschen nebeneinander, so beansprucht das viel Platz. Deshalb wird der Kühlschrank so weit von der Wand abgerückt, daß sich in diesem Zwischenraum Plastrohre mit 10 cm Innendurchmesser und etwa 35 cm Länge lose übereinanderstapeln lassen. So entsteht mit geringstem Aufwand ein Weinflaschenregal.* (1981)

COFFEINHALTIGES COLAGETRÄNK
Quick COLA
Eiskalt servieren
EVP 0,42 M
INHALT 0,33 l
FÜR DEN GRUNDSTOFF
Traubenwein
AUS WEINTRAUBEN
PAUL WITTIG K-G. WEINKELTER
Lauterer-Luft
Zinnaer Klosterbruder
KRÄUTERLIKÖR · 35 VOL.%
VEB EDELBRÄNDE LUCKENWALDE
0,7 l
11,90
Isegrim Bitter
UNSTRUT
WERNESGRÜNER Pils EXPORT
FIRST CLASS
MADE IN GERMANY
Radeberger PILSNER
LUXUSKLASSE
Halloren-Pils
MEISTERBRÄU
VEB BRAUHAUS HALLE
DEUTSCHER SEKT
Rotkäppchen
ROT
Der Falckner
WHISKY 43 Vol%
VEB EDELBRÄNDE UND SPIRITUOSEN LUCKENWALDE
Inhalt 0,7 Liter
KOHOLHALTIGES ERFRISCHUNGSGETRÄNK
vipa
MIT 20% IMPORT-WEISSWEIN
Weinverarbeitung Berlin
EVP 0,75 DM
Berliner Pils
German Lager
CONT. 33 cl.
LUNIKOFF
ВОДКА
40 VOL.%
EISKALT SERVIEREN
VEB WEINBRAND WILTHEN SA.
WODKA
0,7 LTR.
M 13,50
KLARER JUWEL
32% VOL
VEB SCHILKIN BERLIN
TIMMS SAURER 32 VOL.%
AUS SERSCHIN-WODKA MIT ZITRONE
VEB SCHILKIN BERLIN
Inh. 0,7 l
EVP 11.70 M
Sambalita
Maracuja Tropic-Frucht
e 0,7 l
25% vol
VEB SPIRITUOSENWERKE WILTHEN / DDR
Hirschblut
MEHRFRUCHT-TISCHWEIN
kühl aufbewahren
KELTEREI NEUGREUSSNIG
7301 DÖBELN 3
0,7 Liter
EVP 2,75 M
Gelber Köstlicher
APFEL-WEIZENKORN
Meißner Schillerwein
Intimus
MEHRFRUCHT-DESSERTWEIN
ERZEUGNIS MIT WEINBRAND
GOLDBRAND
VEB WEINBRAND WILT
0,7 L HSL 1813000
MIT FRUCHT- UND KRÄUTERGESCHMACK
EVP 0,35 MDN
Vita-Cola
GES. GESCH.
Edelstahlwerk, 8. Mai 1945, Freital
SERSCHIN WODKA
DEUTSCHES ERZEUGNIS
Fruchtiger Bad Kösener
Fruchtweingetränk aromatisiert
mit dezenter Pfirsich-Note
HSL-Nr. 1831390
5,00 M
Tafelbrunnen
Margonwasser

Gefüllte Kohlrabi

- 8 junge Kohlrabi
- 400 g Gehacktes halb und halb
- 1 Zwiebel
- 1 Knoblauchzehe
- 1 Brötchen
- 1 Ei
- Salz, Pfeffer
- Petersilie
- Schnittlauch
- 4 Tassen Gemüsebrühe oder Wasser
- Reibekäse
- Butterflöckchen
- gehackte Petersilie

Die Kohlrabiblätter abschneiden, waschen und kurz in kochendem Wasser aufwallen lassen. Die Kohlrabischale von der Wurzel her abreißen (nicht schälen!). Anschließend von der Blattseite her einen Deckel abschneiden und die Kohlrabi aushöhlen. Die ausgelösten Teile und die jungen Blätter des Kohlrabi hacken und zur weiteren Verarbeitung beiseite stellen.
Die Zwiebel schälen, fein würfeln und kurz in heißem Fett dünsten. In einer Schüssel das Gehackte mit den gedünsteten Zwiebelwürfeln, zerdrückter Knoblauchzehe, Ei und Gewürzen gut vermengen. Das Brötchen einweichen und fest ausdrücken. Unter die Hackmasse kneten. Die fertige Masse mit einem Löffel vorsichtig in die Kohlrabi füllen. In einem Topf mit den gehackten Kohlrabiabschnitten umlegen und mit Gemüsebrühe oder Wasser auffüllen. Bei mäßiger Hitze garen.
Mit einem Schaumlöffel herausnehmen und auf ein gefettetes Backblech setzen. Die gefüllten Kohlrabi mit dem Reibekäse bestreuen. Butterflöckchen aufsetzen und im gut vorgeheizten Ofen gratinieren.

Der Käse soll zerlaufen sein und etwas Farbe angenommen haben.

Würzige Bissen

- 2 bis 3 Ecken Chesterschmelzkäse
- lauwarmes Bier
- 2 bis 3 Esslöffel geriebener Käse
- Paprika scharf, Worcestersoße
- Toastbrot

Die Schmelzkäseecken zerkleinern und mit etwas lauwarmem Bier unter Erhitzen cremig rühren. Dann den geriebenen Käse zufügen und mit scharfem Paprika und Worcestersoße herzhaft würzen. Alles zu einer geschmeidigen Masse zerschlagen. Toastbrotscheiben in Dreiecke schneiden, nicht zu dünn mit der Käsemasse bestreichen und im Grill goldgelb überbacken. Vorsicht, bräunt sehr schnell!

Weißt du, warum die Zitronen sauer sind?
Sie sind die einzigen Südfrüchte, die in die DDR müssen.

Wurst im Gemüsebeet

- 100 g Wurst pro Person
  (wahlweise Mortadella, Salami, Jagdwurst, Bierschinken, Cervelatwurst)
- Öl zum Braten
- 20 g geriebener Käse
- 1 Büchse feines Mischgemüse

Die Wurst in dicke Scheiben schneiden und von beiden Seiten in heißem Öl kurz braten. Auf ein Blech legen, mit Käse bestreuen und im gut vorgeheizten Ofen überbacken. Zwischen Wurst und Käse können noch Tomatenscheiben oder Zwiebelringe gegeben werden. Die überbackenen Wurstscheiben auf dem erwärmten Gemüse anrichten und sofort servieren.

Ein Teil der Käufer wird von vornherein eine bestimmte Art von Spirituosen verlangen. Hier ist es leicht, den Verkauf zu tätigen. Schwieriger ist es, wenn die gewünschte Sorte nicht am Lager ist ... Es ist nun die Aufgabe des Verkäufers, sich nach den grundlegenden Wünschen des Kunden zu erkundigen. Er fragt ihn: „Bevorzugen Sie einen Likör oder einen Harten?" Damit wird schon ein gewisser Kontakt zwischen Käufer und Verkäufer hergestellt. Der Kunde wird nun gerne noch einige erläuternde Bemerkungen über die beabsichtigte Verwendung der Spirituose machen. Zum Beispiel benötigt er sie zu einer bevorstehenden Feierlichkeit oder zu irgendeiner Geselligkeit. Der Verkäufer ist nun in der Lage, teils auf Grund der Angaben des Käufers, teils durch eigene Erfahrungen ... dem Käufer die von ihm gewünschte und für seinen Verwendungszweck geeignete Spirituose zu empfehlen. Besondere Betonung ist in jedem Falle auf die Sondererzeugnisse zu legen, die selbstverständlich an Qualität die anderen überragen. (1954)

Nach nur 30 Jahren DDR war es allerdings vorbei mit der Verkaufskultur. Da stellte sich die Frage, wie der Alkoholverbrauch gesenkt werden könne. Mehr als 10 Liter reinen Alkohols sollen pro Jahr und Bürger durch die Kehlen geflossen sein.

Es ist kein Ausdruck gehobener Gastlichkeit, wenn man schon am Vormittag in eine Dienststelle kommt und neben der Tasse Kaffee einen Cognac angeboten bekommt. (1985)

Käsewürstchen

- 4 Bockwürste
- 2 Ecken Schmelzkäse
- 4 Speckscheiben
- Senf

Die Bockwürste längs halbieren, die Schnittflächen mit Senf bestreichen und dicke Schmelzkäsescheiben auflegen. Die Wursthälften wieder zusammenfügen, mit Speckscheiben umwickeln und mit kleinen Holzspeilern (z. B. Zahnstochern) zusammenstecken. Von beiden Seiten grillen, bis der Speck goldbraun ist. Beim Auftragen mit Tomaten- oder Curryketchup bestreichen.

Johannisbeerketchup

- 2 kg Johannisbeeren
- 1 kg Zucker
- 1/4 Liter 5%iger Weinessig
- 1 Esslöffel Zimt
- 2 Teelöffel gemahlene Nelken
- 1 Teelöffel Pfeffer

Die von den Stielen gestreiften Johannisbeeren zusammen mit den übrigen Zutaten in einem Emailletopf etwa 20 Minuten unter Rühren zu einem dicken Brei kochen. Etwas abgekühlt in Gläser füllen; mit Einmachfolie verschließen.

Paprikazwiebeln

- je 1 rote und grüne Paprikafrucht
- 500 g kleine Zwiebeln
- 1/4 Liter 10%iger Essig
- 1/2 Lorbeerblatt
- 2 Nelken, Salz
- 3 Gewürzkörner
- 1 Stückchen unbehandelte Zitronenschale

Die geputzten, in Scheiben geschnittenen Paprikafrüchte und die geschälten Zwiebeln in 1/2 Liter Salzwasser etwa 5 Minuten kochen lassen, aus dem Sud nehmen und abkühlen lassen. Die Mitte jeder Zwiebel etwas aushöhlen und dafür zusammengerollte Paprikastreifen hineinstecken. Den Sud zusammen mit dem Essig und den Gewürzen erhitzen und über die Zwiebeln gießen.

Zugedeckt ziehen lassen. Nach 24 Stunden die Flüssigkeit nochmals aufkochen und erkaltet wieder über die Zwiebeln geben.

Gartenparty - Gartenfete - Gartenfest, Zauberworte sozialistischer Festkultur. Kaum kamen die ersten Sonnenstrahlen, zog es den Bürger ins Freie. Ob er dabei Goethe im Hinterkopf hatte oder einfach nur seine Ruhe wollte, sei einmal dahingestellt. Wahrscheinlich gab es bezogen auf die Größe des Landes und die Anzahl der Einwohner nirgends sonst auf der Welt soviel Garten- und Datschenbesitzer wie in der DDR. Ein weiterer der beliebten Rekorde. Wer weder das eine noch das andere sein Eigen nennen konnte, kannte wenigstens jemanden, der ein Wochenenddomizil im Grünen vorzuweisen hatte. Andere zogen gleich von März bis Oktober ins Grüne. Die jährliche Frühjahrskrankschreibung für die Gartenarbeit eingeschlossen.

Wen verwundert es da, dass im Freien gefeiert wurde, was die Rasenkante aushielt. Zur Not gab es immer noch einen Hof, einen Trockenplatz für die Wäsche, ein Stück Wiese zwischen den Neubaublocks.

Oder aber, das non plus ultra der Freiluftkultur, das Camping. Selbst die sozialistische Autoindustrie zollte dem Drang der Bürger nach Freiheit Rechnung und entwickelte einen Trabantanhänger, der sich in ein Zelt verwandeln ließ ... oder war es ein Zelt, das sich auch als Trabantanhänger eignete?

Gartenparty

Die Liegefläche des Anhängers unterteilt sich in den Tisch, die beiden Sitze, die Liegeplatte und die Kochplatte. Der Stauraum unter der Tischplatte ist mit einem Schloß versehen ... Nachts bietet die Liegefläche, mit Luft- oder Schaumgummimatratzen belegt, Schlafgelegenheit für 4 Personen... (Bedienungsanleitung „Klappfix)

Der *Klappfix* - welch glückliche Fügung, wenn man auf dem unendlichen Weg nach Ungarn sein Bett gleich dabei hatte, ebenso wie Benzinkanister, Konserven und Strumpfhosen als Ersatzkeilriemen.

Gartenfest

Es muß ja nicht ein Garten sein, der Wäschetrockenplatz hinter dem Haus ist für das Fest im Freien genauso gut geeignet. Geschirr bringt jeder selbst mit, mehrere Tische aneinandergestellt ergeben die Tafel. Hocker und Campingstühle dienen zum Sitzen. Ein Grill ist aus Ziegelsteinen und einem Ofenrost schnell zusammengebaut ... jeder steuert etwas zum fröhlichen Brutzeln bei, und am nächsten Morgen wird gemeinsam „Rein Schiff" gemacht.

1974

Gartenparty, Sommernacht und der alte Papphut lacht im Strauch.
Tonband mit Konserventon, jeder hat die Bratwurst schon im Bauch.
Spezi in den Apfelsaft, Prost auf gute Nachbarschaft, das fetzt.
Einer der viel Spaß versteht hat sich schon in's Rosenbeet gesetzt.
Mütter achten sehr auf ihre Töchter, sie wissen wie das manchmal geht.
Und Väter sind nicht gut als Wächter, sie sitzen selig im grünen Gras und ganz allmählich leeren sie ein Fass ...
1976, Ziegler / Brandenstein

Für alle anderen blieb wenigstens der Balkon - eine Oase ungezügelter Kreativität, kleine furnierverkleidete und holzwagenradverzierte Ersatzgärtchen. *Schöner unsere Städte und Gemeinden - mach mit!*

> *Verlegen wir doch einmal die nächste Party ins Freie. Lauschige Sommernachtsfeste, deftige Umtrünke bei Petroleumlicht und schwirrenden Mücken, schweigsame Ausruhnachmittage auf Liegestühlen und ein zünftiges Bauernfrühstück lassen sich im Garten oder auf einem Balkon feiern.* (1978)

Selbst die Rockmusiker entzogen sich nicht der allgegenwärtigen Faszination. So stürmte 1976 die Gruppe WIR mit der Hymne über das Fest aller Feste die Hitparaden, die noch nicht Charts hießen.

Ach ja, Gartenfeste. Wie viele Kästen Bier mögen im Laufe der Jahre ihr vorherbestimmtes Ende gefunden haben, wie viele Thüringer Rostbratwürste und Rostbratel auf den Grills gelandet, wie viele Tonnen Kartoffel- und Nudelsalat gegessen worden, wie viele Gläser scharfer Bautzener Senf geleert worden sein?

Leider ist auch nicht mehr nachvollziehbar, ob man die Feuerwehr immer gleich mit einlud. Ratsam wäre es sicherlich gewesen, denn auch zum Selbstbau des Grills wurde geraten.

> *In fröhlicher Runde schmeckt es besonders gut. Es ist dabei gleichgültig, ob Sie einen selbstgebauten oder gekauften Holzkohlegrill zur Verfügung haben.* (1976)

Und wenn die Holzkohle nicht brennen wollte, kam einfach nochmal Spiritus drauf.

Wurstschaschlik

- 300 g Jagdwurst
- 4 Zwiebeln
- 3 Paprikafrüchte
- 10 g Speck
- Salz, scharfer Paprika

Wurst, Zwiebeln, Speck und Paprikafrüchte in Scheiben schneiden und abwechselnd auf Schaschlikspieße stecken. Die Spieße kurz grillen, dann mit Salz und Paprika bestreuen.

Für ein Gartenfest gibt es kein festes Schema ... Bunte Lampions und Windlichter werden im Freien an verschiedenen Stellen angebracht ... die Hausbar wird ins Freie verlegt ... Auch ein kleiner Freiluft-Imbiß kann sehr reizvoll sein. Lassen Sie Ihre Gäste in einem bunten Kreis um ein offenes Feuer Platz nehmen und jeden am Spieß Würstchen braten ...

Grillhähnchen

- 1 Hähnchen
- 2 Esslöffel Zitronensaft
- 1 Esslöffel Essig
- 1 Knoblauchzehe
- 2 Esslöffel Curry
- Salz, Pfeffer, Öl

Das Hähnchen säubern und zerteilen. Die Teile mit einer Gewürzmischung aus Zitronensaft, Essig, zerdrücktem Knoblauch, Salz, Pfeffer und Curry einreiben. Etwa 30 Minuten ziehen lassen, dann mit Öl bepinseln und 30 bis 40 Minuten auf dem Rost grillen.

Klassisches Schaschlik

- 250 g Schweinsnierchen
- 250 g Schweinefilet
- 250 g Rinderfilet
- 2 Esslöffel Zitronensaft
- 7 Esslöffel Öl
- Salz, Pfeffer
- Edelsüßpaprika
- 1/2 Teelöffel getrockneter Dill
- 6 Esslöffel Rotwein
- Speisewürze (Maggi)
- Rosmarin
- 1/2 Teelöffel getrocknetes Basilikum
- 125 g Räucherspeck
- 6 Zwiebeln

Die Nieren von Fett und Sehnen befreien, alle Röhren entfernen, mindestens 1 Stunde, besser noch über Nacht, wässern. Schweinefilet und Rinderfilet in Würfel schneiden, die gewässerten Nieren in Scheiben schneiden. Zitronensaft, 2 Esslöffel Öl, Salz, Pfeffer, Paprika und Dill verrühren und die Schweinefleischwürfel hineingeben. 3 Esslöffel Rotwein mit 3 Esslöffeln Öl, etwas Speisewürze, Salz, Pfeffer und zerriebenem Rosmarin verrühren. Über die Rindfleischwürfel geben. Den restlichen Rotwein mit dem restlichen Öl, Basilikum und Pfeffer verrühren und über die Nierchenscheiben geben. Zugedeckt wenigstens 1 Stunde an einem kühlen Ort marinieren lassen.

Inzwischen den Räucherspeck in dünne Scheiben schneiden. Zwiebeln schälen und vierteln. Fleischwürfel, Nierenscheiben, Speckscheiben und Zwiebelviertel abwechselnd auf Schaschlikspieße stecken. Alles mit Öl bestreichen und auf den gefetteten Bratenrost legen. Von jeder Seite 3 Minuten grillen.

Unser Tipp: Schaschlikspieße können auch in jedem Elektro- oder auf dem Holzkohlegrill zubereitet werden.

Senfkoteletts

- 4 Schweinekoteletts
- 2 Esslöffel Senf
- Salz, Pfeffer
- Öl

Die Koteletts mit Senf bestreichen und gut einziehen lassen, danach mit Salz und Pfeffer würzen, mit Öl bepinseln und etwa 15 bis 20 Minuten grillen.

Der Staatsbürgerkundelehrer fragt: „Was gab es vor dem Sozialismus?" Meldet sich Fritzchen: „Mein Vater sagt: alles!"

Rostbrätel

- 1 kg Schweinekamm (ohne Knochen)
- 2 Zwiebeln
- 2 Knoblauchzehen
- 2 Esslöffel scharfer Senf
- 1 Esslöffel Meerrettich
- 4 bis 5 Lorbeerblätter
- 1 Flasche Pilsner
- Salz, Pfeffer, scharfer Paprika

Den Schweinekamm in Scheiben schneiden und möglichst dünn klopfen. Die Zwiebeln in Ringe schneiden, den Knoblauch in dünne Scheiben schneiden. Das Bier in eine ausreichend große Schüssel geben, die Gewürze hinzufügen, umrühren und die Steaks einlegen. Zugedeckt an einem kühlen Ort über Nacht ziehen lassen. Die Steaks aus der Marinade nehmen, abtropfen lassen (nicht abtrocknen) und etwa 10 bis 15 Minuten grillen. Auf dem Holzkohlegrill öfter mit etwas Bier abspritzen.

Überkrustete Zwiebeln

- 8 feste Zwiebeln
- Salz, Pfeffer
- Öl
- 2 Esslöffel geriebener Käse

Die Zwiebeln schälen, halbieren, salzen, pfeffern und reichlich mit Öl bestreichen. Auf dem Rost ca. 10 Minuten grillen, kurz vorher mit dem Reibekäse bestreuen und noch solange auf dem Grill lassen, bis sich eine Kruste gebildet hat.

Grilltomaten

- 8 feste Tomaten
- Salz, Pfeffer
- 3 Esslöffel geriebener Käse
- 40 g Butter

Von den gewaschenen Tomaten Deckelchen abschneiden, das Innere aushöhlen und die Tomaten mit der Öffnung nach unten auf einem Gitter abtropfen lassen. Dann innen leicht salzen und pfeffern, den Käse hineingeben und die Butterflöckchen aufsetzen. Kurze Zeit grillen, bis der Käse zu zerlaufen beginnt.

Nach Geschmack können die Tomaten auch mit Pilzen, Schinken oder Gehacktem gefüllt werden. Die Grillzeit verlängert sich entsprechend.

Unser Tipp: Für alle gegrillten Gemüse empfehlen wir, eine Grillschale aus Alufolie zu verwenden.

Gartenbowle

- 400 g Pfirsiche
- 200 g Melonen
- 125 g Himbeeren
- 125 g Johannisbeeren
- 250 g Erdbeeren
- 2 Flaschen Weißwein
- 150 g Zucker
- 1 Flasche Sekt
- 1/2 Teelöffel Zimt

Die Früchte in mundgerechte Stücke teilen und in ein Bowlengefäß geben. 1/2 Flasche Weißwein mit dem Zucker erhitzen, bis dieser sich gelöst hat. Abkühlen lassen, den Zimt und die pürierten Erdbeeren dazugeben, gut verrühren. Alles über die Früchte geben. Eine Stunde kühl stellen, dann den restlichen Wein zugießen.
Umrühren. Erst vor dem Servieren mit dem Sekt auffüllen.

Bierbowle

- 500 g Erdbeeren
- 2 Esslöffel Zucker
- 2 Flaschen Weißwein
- 4 Flaschen Pilsner Bier (á 0,33 l)

Die Erdbeeren einzuckern und mit einer halben Flasche Weißwein übergießen. 2 Stunden zugedeckt kühl stellen. Vor dem Servieren den restlichen Wein und das Bier zugeben.

Wenn das Gerücht ging, dass es in der Konsumverkaufsstelle grüne Gurken oder gar Bananen gäbe, dann wunderte es keinen, dass einer nach dem anderen *„mal eben kurz"* vom Arbeitsplatz verschwand.

> *Die DDR wurde in das Guinness-Buch der Rekorde eingetragen: Sie hatte die meisten Kinder pro Banane.*

Die Organisation des alltäglichen Lebens hatte zu jeder Zeit und unter allen Umständen absoluten Vorrang. Ersatzteilbeschaffung, Wohnungssuche, Eingaben, selbst die Organisation der *Waren des täglichen Bedarfs* (WtB) sowie diverser Dienstleistungen liefen der Planerfüllung den Rang ab.

Dabei blieb kaum etwas Privates wirklich privat! Schließlich kannte man sich im *Kollektiv* viel zu gut. Klar, dass das im Neubaublock oder in der Straße nicht anders war. Und so verwunderte es auch keinen, wenn der *Abschnittsbevollmächtigte* (ABV) „mal nach dem Rechten sah", während man sich amüsierte.

Private Besuche - Hausfeste - und so manches mehr

... privat geht vor Katastrophe

Potsdamer Biercocktail

- In einem großen Bierglas zu gleichen Teilen helles Bier und Fruchtlimonade mischen.

Kümmelbier

- 2 cl Kümmellikör
- 2 cl Zitronensaft
- 1 Flasche helles Bier

Kümmellikör und Zitronensaft mit Eis in ein Bierglas geben, mit Bier auffüllen.

Kirschbier

- 2 cl Kirschlikör
- 2 cl Orangensaft
- 1 Flasche helles Bier

Kirschlikör, Orangensaft und Eis in ein Bierglas geben, mit Bier auffüllen.

Herrengedeck

- Zu gleichen Teilen gekühltes Pilsner und Sekt in einer Sektschale mischen.

Unser Lebensstil hat sich gewandelt. Die Nachbarn sind sich nähergekommen. In der Brigade steht einer für den anderen ein, wenn es um unser aller Sache geht. Wen wundert es, wenn der Wunsch entstanden ist, gemeinsam auch die Freizeit zu verbringen. Anlässe dafür gibt es mehr als genug.
Fröhlich gefeierte Feste lassen uns noch mehr zusammenrücken, man tauscht Gedanken untereinander aus und versteht einander besser. (1974)

Gefeiert wurden die neue Wohnung, das endlich abholbereite Auto, der Platz im FDGB-Ferienheim, die neue Schrankwand, der Farbfernseher, die neue Antenne (besserer Westempfang) und ... irgendetwas fiel *unseren Menschen* immer ein.

In den frühen Jahren traf man sich beispielsweise zum gemeinsamen Fernsehen bei demjenigen, der bereits einen Fernseher besaß. Feste Tage waren der Montag, an dem *Alte (Ufa) Filme* liefen und der Mittwoch, wenn Willi Schwabe seine Rumpelkammer öffnete. Aber auch Eiskunstlaufen stand hoch im Kurs.

Später dann hatte jeder seinen Fernseher, aber nicht jeder einen, der in Farbe sendete und nicht überall war der *Westempfang* gleich gut. Da konnte es schon vorkommen, dass man sich zu *Dallas* oder *Denver Clan, Auf der Flucht, Miami Vice* oder *Magnum,* Rudi Carell oder Heinz Schenk traf.

Das förderte nicht nur die Geselligkeit, es bildete auch! Wirklich. Ohne all die Serien und Samstag-Abend-Shows hätte der normale DDR-Bürger nie erfahren, dass Eistee ein wohlschmeckendes Getränk sein musste und Fönfrisuren länger als 10 Minuten halten können.

Eine neue Wohnung ist eine fremde Wohnung. Man muß sich erst an sie gewöhnen, und vertraute Gesichter helfen dabei am besten. Wohnen wir die neuen vier Wände also ein mit alten Freunden, Bekannten, mit all jenen, die beim Umzug kräftig zupackten oder wärmen wir sie an, wie die Angelsachsen zu sagen pflegen!

1978

Käsegebäck

- 220 g Mehl
- 120 g Margarine
- 2 Ecken Schmelzkäse oder 80 g Reibekäse
- 1 Ei
- 1 Teelöffel gehackter Kümmel
- 1 Teelöffel Salz
- 1/2 Teelöffel Paprika

Alle Zutaten rasch verkneten, kalt gestellt rasten lassen. Anschließend ausrollen und beliebig ausstechen. Mit etwas verquirltem Ei bestreichen und mit Kümmel garnieren. Bei Mittelhitze goldgelb backen.

Kümmelstangen

- 1 Paket gefrorener Blätterteig
- 100 g Edamer Käse
- 1 Eigelb
- Kümmel

Den Blätterteig auftauen lassen, rechteckige Scheiben in Quadrate teilen. Auf jedes Viereck etwas geriebenen Käse geben. Die Vierecke zusammenrollen, mit Eigelb bestreichen und mit Kümmel bestreuen.
Im gut vorgeheizten Ofen 15 bis 20 Minuten goldgelb backen.

Tiefgefrorener Blätterteig war auch in der DDR erhältlich, allerdings noch nicht in Scheibenform sondern als Teigstück. Gefüllt wurde er mit allem, was zur Verfügung stand. Besonders beliebt war, Bockwürste oder Wiener in Blätterteig zu wickeln. Die Mitropa auf dem Berliner Ostbahnhof bot dies sogar als Reiseproviant an. Oft kam auch scharf gewürzte Gehacktesmasse in den Teig.

Schinken-Käse-Hörnchen

- 1 Paket gefrorener Blätterteig
- 100 g Reibekäse
- 150 g gekochter Schinken
- 1 Eigelb

Den Blätterteig auftauen lassen, rechteckige Scheiben in Quadrate teilen. Auf jedes Viereck etwas geriebenen Käse und fein gewürfelten Schinken geben. Die Vierecke aufrollen, zu Hörnchen biegen, mit Eigelb bestreichen und im gut vorgeheizten Ofen 15 bis 20 Minuten goldgelb backen.

Käsesüppchen

- 2 gestrichene Esslöffel Mehl
- 2 gestrichene Esslöffel Fett
- 1/2 Liter Milch
- 125 g Chesterkäse
- 1 gestrichener Teelöffel Salz
- 1 gestrichener Teelöffel Zucker
- 1 Eigelb
- 1 Glas Weißwein
- Worcestersoße
- Pfeffer
- etwas Schlagsahne

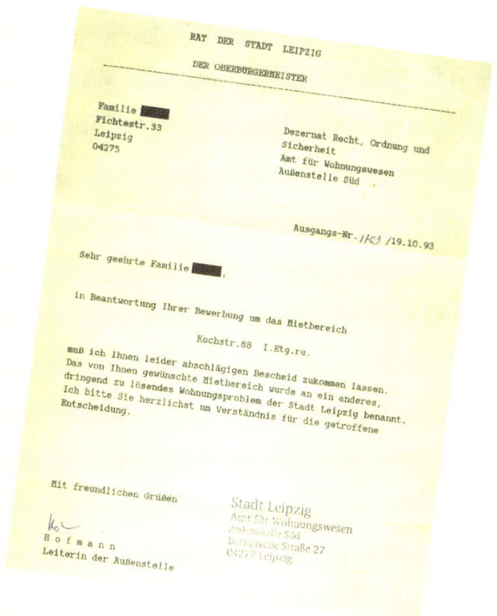

RAT DER STADT LEIPZIG

DER OBERBÜRGERMEISTER

Familie [redacted]
Fichtestr.33
Leipzig
04275

Dezernat Recht, Ordnung und Sicherheit
Amt für Wohnungswesen
Außenstelle Süd

Ausgangs-Nr. 1103 /19.10.93

Sehr geehrte Familie [redacted],

in Beantwortung Ihrer Bewerbung um das Mietbereich

Kochstr.88 I.Etg.re.

muß ich Ihnen leider abschlägigen Bescheid zukommen lassen.
Das von Ihnen gewünschte Mietbereich wurde an ein anderes, dringend zu lösendes Wohnungsproblem der Stadt Leipzig benannt.
Ich bitte Sie herzlichst um Verständnis für die getroffene Entscheidung.

Mit freundlichen Grüßen

H o f m a n n
Leiterin der Außenstelle

Stadt Leipzig
Amt für Wohnungswesen
Außenstelle Süd
Bornaische Straße 27
04277 Leipzig

Das Mehl in dem heißen Fett anschwitzen und die Milch zugießen. Wenn sie kocht, den feingeschnittenen (oder geraspelten) Käse bei milder Hitze darin schmelzen lassen. Würzen und mit Worcestersoße pikant abschmecken.
Das Eigelb mit dem Wein verquirlen und unter die Suppe rühren. Nicht mehr kochen.
Jede Portion mit etwas Schlagsahne garnieren.

Hausbuch: hier wurde vom *Hausvertrauensmann* pflichtgemäß der Einzug und Auszug aller Mieter vermerkt. Auch musste jeder Besucher aus dem *NSW* eingetragen werden.

Hausgemeinschaft: *„Stützpunkte für die politisch-ideologische Arbeit der Nationalen Front in den Wohngebieten"*; entwickelten sich in den Städten und Neubaugebieten schnell zu einer Art „Selbsthilfegruppe".

> *Kleine Reparaturen werden schnell und unbürokratisch von der Hausgemeinschaft selbst erledigt (wo gibt es ein Haus, in welchem nicht diese oder jene geschickte Hausfrau oder ein handwerklich erfahrener Bürger wohnt?) So wird der tropfende Wasserhahn oder die malermäßige Instandsetzung eines Zimmers nicht mehr zum Problem.* (1982)

Hausgemeinschaftsleitung (HGL): all diejenigen, die die Aktivitäten der Mieter (große und kleine Hausordnung, Entrümpelung, Sekundärrohstofferfassung, Feste und Feiern) planten und organisierten; in freier Wahl wurden diejenigen bestimmt, die am schlechtesten NEIN sagen konnten. Sie hielten auch den Kontakt zur *Kommunalen Wohnungsverwaltung*, führten das *Hausbuch* und kümmerten sich ums *Hauskonto*.

Hausfest

Treffpunkt Kellerbar

Gute Einfälle machen sich bezahlt. Eine leerstehende Bodenkammer, ein ungenutzter Keller, viele gute Ideen, ein wenig Geschick und Fleiß - fertig ist der Treff für die Hausgemeinschaft ... Ob sich die Reiselustigen zu einem Lichtbildervortrag treffen, ob die Mädels und Jungens sich nur mal die neuesten bespielten Bänder anhören wollen oder ob man gemeinsam berät - immer bietet der Treff genügend Platz für alle.

1974

Wir leisten uns was

Auf unserem Konto hat sich durch die Mitarbeit aller Mieter ein nettes Sümmchen angesammelt - Treppenhausreinigung, Wohnungsrenovierungen, Kleinreparaturen, Bauschmutzbeseitigung und was es sonst noch für Dinge in den letzten Monaten im Haus zu tun gab ... die Hausgemeinsschaft hat etwas getan und wir, die HGL, haben gedacht, daß wir uns alle zusammen etwas leisten sollten ... eine Dampferfahrt ... einschließlich Mittagessen, Kaffee und Torte, Bockwurst mit Salat als kleines Abendbrot sowie ausreichend Getränke...

1962

Hauskonto: Eine Vielzahl der Leistungen, die von den Mietern ausgeführt wurden, wurden von der KWV vergütet. Das Geld kam auf ein spezielles Konto und war vor allem für Materialkäufe gedacht. Natürlich blieb immer genügend für eine Fete übrig.

Hausvertrauensmann: Derjenige, dem die Hausgemeinschaftsleitung die Arbeit überließ.

Kommunale Wohnungsverwaltung: Nomen est Omen. Hier wurde die Mangelware Wohnung ebenso verwaltet wie der Mangel an Reparaturkapazität. Hier bekam man jedoch auch die Schlüssel für die Wohnung, so man einen *Wohnraumzuweisungsschein* besaß.

Partykeller/ Kellerbar: Jede Hausgemeinschaft, die etwas auf sich hielt, hatte einen leerstehenden Kellerraum (wahlweise auch Bodenkammer) zum Ort gemeinschaftlicher wie privat nutzbarer Geselligkeit ausgebaut. Alle anderen improvisierten.

Sekundärrohstofferfassung: Altpapiersammlung nicht nur der Jungen Pioniere. Auch leere Schnaps- und Weinflaschen sowie Gläser konnte man bei SERO gegen Bargeld tauschen.

> *Niemals Leergut horten! - Die Brauereien können nur dann bedarfsgerechte Lieferungen durchführen, wenn ihnen unverzüglich die leeren Flaschen zur Verfügung gestellt werden ... Jede mehr den Abfüllbetrieben zugeführte Flasche versetzt diese in die Lage, mehr Getränke dem Handel zuzuführen, und dieser kann dann wieder den Bedürfnissen der Bevölkerung besser entsprechen. Zufriedenheit aller ist dann unser Erfolg. (1954)*

(Noch mehr Vokabular finden Sie ab Seite 138)

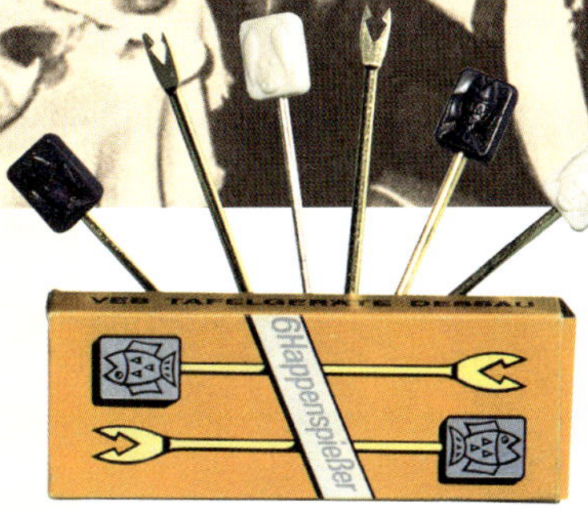

Cocktailhäppchen

- 1 Würfel Hartkäse, 1 Stück Cornichon, 1 Würfel Hartkäse
- 1 Würfel Hartkäse, 1 Stück rote Paprikafrucht, 1 Würfel Hartkäse
- 1 Würfel Hartkäse, 1 Weintraube, 1 Würfel Hartkäse
- 1 Würfel Hartwurst, 1 Stück Salatgurke, 1 Würfel Hartwurst
- 1 Würfel Kochschinken, 1 Stück Salatgurke, 1 Würfel Kochschinken
- 1 Stück gares Geflügelfleisch, 1 Stück rote Paprikafrucht, 1 Stück gares Geflügelfleisch
- 1 Stück gares Geflügelfleisch, 1 Stück Ananas, 1 Stück gares Geflügelfleisch
- 1 Stück Bratenrest, 1 Mandarinenspalte, 1 Stück Bratenrest
- 1 Stück Bratenrest, 1 Stück Mixed Pickles, 1 Stück Bratenrest
- 1 Radieschen, 1 Stück Kräuterhering, 1 kleine Essigzwiebel
- 1 Gabelrollmops, 1 Würfel Paprikaspeck, 1 Stück Salatgurke
- 1 Stück Räucherfisch, 1 Stück Cornichon, 1 Stück Räucherfisch
- 1 kleine Tomate, 1 Stück Salatgurke, 1 kleines Radieschen
- 1 Stück Salatgurke, 1 Stück rote Paprikafrucht, 1 Stück Salatgurke
- 1 Stück Ananas, 1 kandierte Kirsche, 1 Mandarinenspalte
- 1 kandierte Pflaume, 1 entkernte Dattel, 1 kandierte Kirsche
- 1 Stück Pfirsich, 1 frische Erdbeere, 1 Apfelsinenspalte

Kohligel

- Ein von unschönen Blättern befreiter Kopf Weiß- oder Rotkohl wird mit Cocktailspießen besteckt. Weißkohl legt man auf einen dunklen Holzteller und garniert ihn rundherum mit gefüllten Tomaten oder gefüllten Paprikafrüchten und Petersiliensträußchen. Rotkohl legt man auf einen hellen Holzteller, den man mit Kopfsalatblättern belegt, garniert ebenfalls mit gefüllten Tomaten oder gefüllten Paprikafrüchten und Petersilie.

- Eine der beliebtesten Varianten des Kohligels war, ihn mit kleinen Hackfleischbällchen zu bestücken. Aber auch bunte Wurst- und Käsespieße fanden hier ihren Platz.

Gurkenschiff

- Eine gerade gewachsene Salatgurke schneidet man etwas flach, damit sie nicht umkippt, und besteckt sie mit Cocktailspießen. Diese legt man auf eine lange schmale Platte, die mit Papierservietten belegt wird. Als Garnierung verwendet man gefüllte Tomaten und gehackte Petersilie.

- Auch hier waren der Phantasie, was auf die Gurke gespießt wurde, keine Grenzen gesetzt. Die ergaben sich höchstens aus dem aktuellen HO-Angebot.

Käsecreme

- 200 g Frischkäse
- 2 Esslöffel Ketchup
- 4 Esslöffel Milch
- 2 Teelöffel Edelsüßpaprika
- 2 Esslöffel Zitronensaft
- Worcestersoße
- Salz, Pfeffer
- Cracker oder Kekse

Den Frischkäse mit dem Tomatenketchup und der Milch zu einer spritzfähigen Creme verrühren. Diese Creme mit Paprikapulver, Salz, Pfeffer, Worcestersoße und etwas Zitronensaft abschmecken. Die Creme in einen Spritzbeutel mit großer Tülle füllen und auf Cracker oder Kekse spritzen. Bis zum Servieren kühl stellen.

Oma Hilde steht mit leerem Netz vor der Kaufhalle und überlegt: War ich nun schon drin oder nicht?

Einkaufsliste:

- ***Bautzener Senf***: Unentbehrliche Beigabe zu jeder Bratwurst und jedem Rostbrätel. Dank Ostalgie als Bautz'ner Senf zurückgekehrt.
- ***Club Cola***: *Koffeinhaltiges Kola-Getränk*; besonders zu empfehlen in Kombination mit „Blauem Würger" (Kristall Wodka oder auch Klarer Juwel).
- ***Eierteigwaren***: Die gute alte Nudel, kam fast immer von *Möwe* oder aus Riesa, klebte garantiert zusammen und schmeckte am besten mit Ketchup.
- ***Goldbroiler/Broiler***: Das Grillhuhn an sich, auch als Tiefkühlhuhn war das Hähnchen immer ein Broiler.
- ***Nordhäuser Doppelkorn***: Manchmal im *delikat* erhältlich, bei intensivem Genuss auch als Kornhäuser Doppelnok bekannt.
- ***Primasprit***: Stand in jeder Speisekammer, 95% Alkohol, der unabdingbar war für die Zubereitung von Eierlikör, Rumtöpfen und Feuerzangenbowle.

Fischerschmaus

- 2 Dosen Heringsfilet in Tomatensoße
- einige Salatblätter
- 2 Zwiebeln
- 100 g Gewürzgurken
- Rührei von 6 Eiern
- 2 Esslöffel gehackter Schnittlauch

Die Heringsfilets auf eine mit Salatblättern ausgelegte Platte stürzen, Zwiebel- und Gurkenwürfel sowie das Rührei darauf verteilen.
Mit Schnittlauch bestreuen.

Schneller Heringssalat

- 8 bis 10 Heringsfilets (aus der Dose oder dem Glas)
- 250 g Rote Beete (Glas)
- 1 große Gewürzgurke
- 1 Zwiebel
- 2 kleine säuerliche Äpfel
- 3 Esslöffel Mayonnaise
- 2 Esslöffel Joghurt
- 1 Teelöffel scharfer Senf
- 1 Prise Zucker
- Salz, Pfeffer

Die Filets gut abtropfen lassen und in mundgerechte Stücke schneiden.
Die Roten Beete ebenfalls abtropfen lassen, würfeln. Gewürzgurke, Zwiebel und Äpfel ebenfalls in feine Würfel schneiden. Alle Zutaten in eine Schüssel geben. Mayonnaise, Joghurt, Senf und Gewürze zu einer Marinade verrühren.
Den Salat nochmals mit Salz und Pfeffer abschmecken.

Katergift

- 4 cl Wermut dry
- 1 Teelöffel Zucker
- 1 Ei
- 1 Spritzer Angostura

Alle Zutaten mit Eis im Mixglas kräftig rühren.

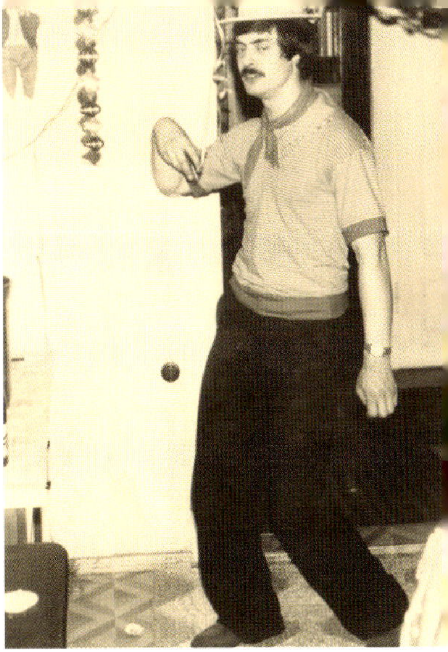

Aufrichter

- 4 cl Wermut rot
- 4 cl Wermut bitter
- 1 Spritzer Angostura
- 1 Teelöffel Zitronensaft

Alle Zutaten im Shaker mit Eis kräftig schütteln und in ein Glas seihen.

Die sogenannte Alkohol-„Fahne" kann durchaus als ein Kennzeichen für erfolgten Alkoholkonsum gelten. Für den Alkoholisierungsgrad ist ihre Intensität jedoch kein Kriterium. (1986)

Lebenselixier

- 1 Zitrone
- 1 Tasse schwarzer Kaffee

Den Zitronensaft in den heißen starken Kaffee geben.

Verwandte und Bekannte besuchten sich natürlich regelmäßig, aber auch Kollegen pflegten private Kontakte. In den oft langen Jahren gemeinsamer Arbeit entstanden Freundschaften. Nicht selten wohnte man im gleichen Wohngebiet oder hatte den Garten in der gleichen Sparte, traf sich sowieso beim Urlaub im betriebseigenen Bungalowdorf wieder und schickte die Kinder ins selbe Ferienlager.

In den meisten Fällen war Besuch eine eher unkonventionelle Angelegenheit. Na gut, vielleicht mit Ausnahme des *Westbesuches*, denn da wollte man schon zeigen, was *man hatte*.

> *Für unerwartete Gäste empfiehlt es sich, einen kleinen Vorrat im Haus zu haben: einige kochfertige Suppen, einige Gläser mit Fertiggerichten ... dazu einige Gemüse-, Obst und Fischkonserven. Eier und eine kleine harte Wurst werden den Vorrat vervollständigen.* (1975)

Dabei war der DDR-Bürger genügsam auf der einen, anspruchsvoll auf der anderen Seite. Häppchen und Schnittchen, nett garniert mit Petersilie und Radieschen (so gerade Radieschensaison war), gingen immer. Aber mit dem Siegeszug von Toaster und kleinen Elektrogrills erweiterten sich die Möglichkeiten schlagartig. Das Einerlei von Dauer- und Jagdwurst bekam nun dank einer Schicht Tomatenmark drunter und einer Scheibe Käse drüber sowie des kurzen Aufenthalts im Tischgrill Pfiff.

Wenn es an Ananas mangelte und Toast Hawaii zu *kapitalistisch* war, dann erfand man halt die „Karlsbader Schnitte". Na gut, eigentlich sollte die schon mit Kochschinken bereitet werden, aber Bierschinken erfüllte auch seinen Zweck!

Besuch

Unverhoffter Besuch

Freunde oder Bekannte, die plötzlich und unangemeldet in der Tür stehen, können uns nicht aus der Ruhe bringen. Auf solche Überraschungen sind wir vorbereitet ... Gerade solch unverhoffte kleine Festlichkeiten zählen zu den gelungensten, weil genügend Zeit bleibt, sich seinen Gästen zu widmen.

1974

- *Daß ich eine Schneeflocke wär,* Veronika Fischer
- *Am Fenster,* City
- *Alt wie ein Baum,* Puhdys
- *Alles im Eimer,* Frank Schöbel
- *Doch ich wollt es wissen,* Kreis
- *Über sieben Brücken mußt du gehn,* Karat
- *König der Welt,* Karat
- *Deine Liebe und mein Lied,* Holger Biege
- *Sagte mal ein Dichter,* Holger Biege
- *Solo Sunny,* Regine Dobberschütz
- *Sing mei Sachse sing,* Jürgen Hart
- *Am Abend mancher Tage,* Lift
- *Schwanenkönig,* Karat s
- *Jugendliebe,* Ute Freudenberg + Elefant
- *Der blaue Planet,* Karat
- *No Bomb,* Berluc
- *Jetzt kommt dein Süßer,* Helga Hahnemann
- *Erna kommt,* Wolfgang Lippert
- *Rockerrente,* Puhdys
- *Zeit, die nie vergeht,* Perl
- *Bataillon d' Amour,* Silly
- *Casablanca,* City
- *Als ich fortging,* Karussell
- *Die Fans sind eine Macht,* Frank Schöbel
- *Die Welt,* Stern Meißen
- *Born in the GDR,* Sandow

Tipps für die Plattenbar II

Gewiß, ein herzhafter Imbiß und ein guter Schluck sind auch heute noch begehrt, wenn wir uns in fröhlicher Runde zusammenfinden. Das Wichtigste aber bleiben: fröhliche Tischgenossen und ein wenig Zeit füreinander. Versammeln Sie doch das nächste Mal Ihre Gäste rund um den großen Topf, laden Sie ein ... zu einer Fondue, einem Gulasch oder einer Feuerzangenbowle. Um das brutzelnde Etwas wird sich eine Atmosphäre verbreiten, die Ihre Gäste gern wieder kommen läßt. (70er Jahre)

Fleischfondue

- 600 bis 800 g gut abgehangenes Fleisch (Rinder- oder Schweinefilet, Kotelettstück, Schnitzelfleisch; es können auch mehrere Sorten Fleisch verwendet werden)
- Öl
- verschiedene Gewürze
- Soßen und Beilagen

Die Fleischsorten in etwa 3 cm große Würfel schneiden und auf einem Holz- oder Keramikteller anrichten bzw. auf Portionsschüsselchen verteilen. Das Öl in der Küche erhitzen - es soll sehr heiß sein, darf aber nicht rauchen - und im Fonduetopf (in diesem Fall ist ein Metallgefäß erforderlich) auf den Tischrechaud stellen. Die Spiritusflamme wird vorher entzündet und auf die richtige Höhe eingestellt. Jeder Tischgast kann jetzt mit seiner Fonduegabel ein Fleischstück aufspießen und zum Garen in das heiße Öl geben. Darin bleibt es solange, bis es schön knusprig braun ist, und zwar 1 bis 2 Minuten, je nach der Hitze des Öls. Sind die Fleischstücke im gewünschten Zustand, werden sie herausgenommen, mit verschiedenen Gewürzen bestreut, mit unterschiedlichen Soßen beträufelt und mit verschiedenen Beilagen verzehrt.
In der Zwischenzeit brutzelt schon das nächste Stückchen Fleisch.
Schnell ein Schluck Rotwein und schon kann wieder neu zusammengestellt werden.

Gewürze

- Salz, Pfeffer, Curry, Paprika
- Glutal, Knoblauchsalz
- Peppersauce, Worcestersoße, Picnicsauce
- Senf, Meerrettich

Die Gewürze in kleinen Näpfchen mit Löffelchen, Flaschen oder Menagen zur Selbstbedienung dekorativ und für jeden Tischgast zugänglich anordnen.

Junge Leute lieben Fondues. Das ist kein Wunder, denn ein Fondueessen in fröhlicher Runde ist ja so amüsant! Deshalb haben sich im Laufe der Zeit immer mehr Varianten zu der Ur-Fondue entwickelt. Doch ganz gleich, welche Fondueart bevorzugt wird - eine kleine Grundausstattung gehört dazu, wenn's zünftig zugehen soll. Sofern nicht ein kompletter Fonduesatz vorhanden ist, besteht sie aus einem Tischwärmeöfchen, einem feuerfesten Gefäß und langen Fonduegabeln, notfalls auch Holzspeilern. (1972)

Beilagen

- Weißbrot, Toast
- Pommes frites, Reissalat
- Kartoffelkräcker, Käsegebäck
- marinierte Paprikafrüchte
- Gewürzgurkenstückchen, Senfgurken, Mixed Pickles
- eingelegte Zwiebeln, eingelegte rote Rüben
- fein gehackte Küchenkräuter
- Champignons
- Pfirsiche, Aprikosen
- Maraschinokirschen
- Orangenspalten

Indische Sauce

- 1 Fläschchen Tomatenketchup
- 1 Esslöffel Currypulver

Beide Zutaten gut miteinander vermischen.

Meerrettichmayonnaise

- 150 g Mayonnaise
- 3 Esslöffel Weinessig
- je 1 Messerspitze Salz, Puderzucker
- Worcestersoße
- 2 Esslöffel geriebener Meerrettich
- 1 Teelöffel Zitronensaft

Die Mayonnaise in einer Schüssel mit den Zutaten verrühren.

Lachsmayonnaise

- 150 g Mayonnaise
- 3 Esslöffel Weinessig
- je 1 Messerspitze Salz, Puderzucker
- Worcestersoße
- 1 Esslöffel feingehackte Lachsschnitzel

Die Mayonnaise in einer Schüssel mit den Zutaten verrühren.

Quarkremoulade

- 60 g Quark
- 1 Esslöffel Mayonnaise
- 1 Esslöffel Joghurt
- 1 Gewürzgurke
- 1 Zwiebel
- 1 Esslöffel Zitronensaft
- 2 Esslöffel feingehackte Petersilie
- Salz, Pfeffer

Den Quark mit Mayonnaise und Joghurt schaumig rühren. Gewürzgurke und Zwiebel in feine Würfel schneiden und dazugeben. Mit Zitronensaft, Salz und Pfeffer kräftig abschmecken. Zuletzt die Petersilie unterrühren.

Schokoladenfondue

- 2 Tafeln Vollmilchschokolade
- 6 Esslöffel Kondensmilch
- 2 Esslöffel Orangensaft
- 1 Esslöffel Kirschlikör
- 1 Esslöffel gehackte Nüsse
- Weißbrotwürfel, Waffeln, Kekse
- Obst

Die Schokolade zerbröckeln und mit der Kondensmilch auf kleiner Flamme schmelzen. Orangensaft, Kirschlikör und gehackte Nüsse dazugeben, gut verrühren. Nicht mehr kochen lassen. Bei Tisch auf kleiner Flamme warmhalten. Nach Geschmack Weißbrotwürfel, Waffeln, Kekse, auch Russischbrot und Obst (z.B. Pflaumenhälften, Apfelsinenspalten, Erdbeeren, Birnenstückchen, Pfirsichviertel, Sauerkirschen usw.) eintauchen.

Bier-Käse-Fondue

- 500 g Gouda-Käse
- 1/2 Flasche Bier
- 20 g Kokosfett
- 1/2 Knoblauchzehe
- Salz, Pfeffer
- 10 g Stärkemehl
- Weiß- und/oder Schwarzbrotwürfel

Den Käse reiben, zusammen mit dem Bier in eine mit Knoblauch ausgeriebene und gefettete feuerfeste Form geben. Darin langsam erhitzen, ab und zu umrühren, bis der Käse geschmolzen ist. Heiß werden lassen. Mit Salz und Pfeffer würzen und mit in etwas Bier angerührtem Stärkemehl binden. Unter ständigem Rühren bis zum Eindicken erhitzen. Diese Vorbereitungsarbeiten können Sie in der Küche erledigen. Bei Tisch werden dann mundgerechte Weiß- oder Schwarzbrotwürfel auf Fonduegabeln gespießt und in die Käsemasse getaucht. Dabei sollte die Käsemasse gleichmäßig umgerührt werden, damit sie nicht zu klumpig wird.

Unser Tipp: Variieren Sie das Fondue mit Tomaten und Schinken. Hierfür benötigen Sie 50 g Schinkenspeck, 1 Zwiebel, 1 Flasche Tomatenketchup, 100 g Kochschinken, 3 Esslöffel Weißwein, 300 g Schnittkäse, Salz, Pfeffer, Paprika.

Eine feuerfeste Form wiederum mit Knoblauch ausreiben. Den gewürfelten Schinkenspeck darin ausbraten, Zwiebelwürfel glasig schwitzen. Kochschinkenwürfel anbraten. Ketchup und Weißwein zugeben. Alles heiß werden lassen. Den geriebenen Käse unter ständigem Rühren schmelzen. Mit Paprika, Salz und Pfeffer würzen. Auch hier werden dann mundgerechte Weiß- oder Schwarzbrotwürfel in die Käsemasse getaucht.

Die Käsemasse gleichmäßig umrühren, damit sie nicht klumpt.

Und wenn dann zu später Stunde die letzten den gastlichen Betrieb verlassen, wird der eine oder andere einen Blick hinaufwerfen zu den Fenstern seines Arbeitsraumes mit dem guten Gefühl im Herzen: meine Arbeitsstätte, meine Heimat, du hast Raum für meiner Hände Tätigkeit, aber auch für meines Herzens Fröhlichsein. (1959)

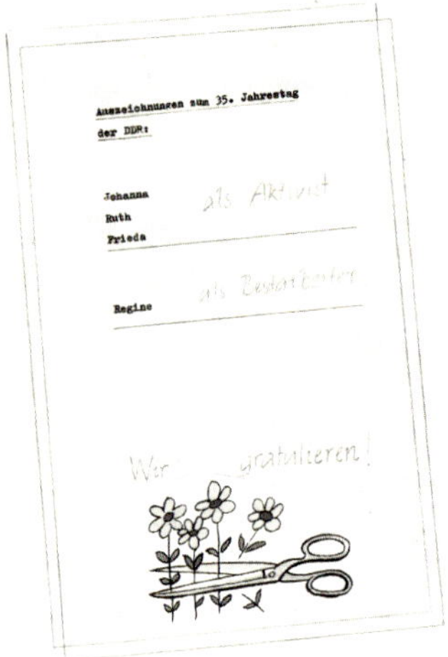

Anlässe zum Feiern in betrieblicher Kollektivität gab es mehr als genug

Frauentag - Brigadefeier - Ordensverleihung

Tag der Werktätigen des Post- und Fernmeldewesens
Tag der Mitarbeiter des Handels
Weltgesundheitstag
Jahrestag der Befreiung vom Faschismus
Tag des Eisenbahners
Tag des Genossenschaftsbauern
Tag der Volkspolizei
Weltjugendtag
Studententag

Die Anlässe nahmen kein Ende. Das zeigt auch der *kleine Festkalender* am Ende des Buches.

...Kollege kommt gleich!

ERFORDERT EINE OPTIMALE QUALIFIZIERUNG !
W. ULBRICHT

Ein magisches Datum: 8. März. Jahr für Jahr Anlass für alle Männer, Frauen zu überraschen. Blumen, Frühstück, Geschenke, Festreden, Glückwunschkarten. *Frauentag*!

Internationaler Frauentag sogar. Zwar feierte man den schon seit Anfang des Jahrhunderts. In der DDR aber wurde er zum Maß aller Gleichberechtigungsdinge. Wenigstens an diesem einen Tag genoss die Frau, Mutter, Kollegin ... die ungeteilte Aufmerksamkeit der Männerwelt und - da Muttertag in der DDR-Ideologie keine Rolle spielte - auch die der Kinder.

Im Kindergarten oder der Pioniergruppe wurde gebastelt als wäre Weihnachten. Ketten aus Makkaroni waren über Jahre der Renner. Auch Topfuntersetzer aus bunten Glasperlen zierten alle Küchentische. Flechtarbeiten aus Papier und gemalte Glückwunschkarten erfreuten sich ebenfalls großer Beliebtheit.

Dazu besorgte *Vati* in aller Regel ein paar Blumen, was mit Sicherheit den größeren Aufwand und Einsatz erforderte. Jeder ehemalige DDR-Bürger weiß bis heute, welch heroische Tat es war, im März frische Schnittblumen herbeigeschafft zu haben. Verständlich, dass sich die liebevollen Aufmerksamkeiten auf Alpenveilchen, Azaleen und Pantoffelblumen in bunten Farben beschränkten.

Außerdem hatten die großen und kleinen Betriebe bereits alles Blühende für ihre Mitarbeiterinnen vorbestellt. Planung musste schon sein.

| *Man braucht Mittelpunkte, Höhepunkte, Ordnungspunkte beim Feiern.* *(1985)*

Frauentag

Überraschung

Ich bin gespannt, was sich ... am 8. März tun wird. Im vergangenen Jahr war lange Zeit von einer großen Überraschung die Rede ... Zunächst bedurfte es einiger deutlicher Hinweise, daß der 8. März heranrückte. Es war bei ihm zur Gewohnheit geworden, wegen der Kolleginnen in seinem Betrieb die eigene Frau ganz zu vergessen. 'Du wirst genug an deinem Arbeitsplatz geehrt', pflegte er zu sagen. Und es klang nicht einmal nach Entschuldigung, wenn er sich dieser billigen Bemerkung bediente.

1971

Die Wurzeln des 8. März gehen auf die Frauenrechtsbewegung Anfang des 20. Jahrhunderts zurück. Der erste internationale Frauentag fand am 19. März 1911 in Dänemark, Deutschland, Österreich, der Schweiz und den USA statt. In den folgenden Jahren wurde er immer zwischen Ende Februar und Anfang April begangen. 1921 schließlich wurde der 8. März als Datum festgelegt.

Tagesablauf 8. März

- Mann, Freund, Vater oder Bruder versuchten sich an der Frühstücksbereitung
- Liebevoll gedeckter Tisch und kleine Aufmerksamkeiten (gemalte Glückwunschkarte aus der Kindergartengruppe, Alpenveilchen)
- Rührung bei Mami, Abschiedsküsschen, die Familie stiebte davon in Richtung Arbeit und Schule
- 10 Minuten bis die Pflicht rief: Ordnung in der Küche schaffen, den Tisch ab- und die Schränke wieder einräumen
- Kindergarten; nicht vergessen, einige Blüten vom Alpenveilchen zu schneiden für die Kindergartentante
- Am Arbeitsplatz wartete eine weitere Pflanze, die Kollegen hatten Kaffee gekocht. Außerdem hatte einer der Männer Kuchen besorgt und behauptete, er sei selbst gebacken ... doch das kennt man ja
- Am Nachmittag gab es eine offizielle Feier, mit etwas Glück war eine Prämie drin

Kakaokuchen

- 150 g Butter oder Margarine
- 300 g Zucker
- 4 Eier
- 1 Prise Muskat, 1 Prise Salz
- 3 zerstoßene Nelken, 1 1/2 Teelöffel Zimt
- 1 1/2 Teelöffel abgeriebene Zitronenschale
- 50 g Kakao
- 375 g Mehl
- 1 Päckchen Backpulver
- 1/4 Liter Milch

Aus Butter, Zucker und dem Eigelb eine Schaummasse rühren, die Gewürze und den Kakao unter ständigem Rühren zufügen. Dann das mit Backpulver gesiebte Mehl abwechselnd mit der Milch nach und nach unterrühren, zuletzt die steifgeschlagenen Eiweiß unter den Teig heben. In einer gefetteten Form bei Mittelhitze etwa 60 Minuten backen.

Schwäne

- 1 Paket Backfertigmischung für Brandmasse
- Schlagsahne (wahlweise Quarkcreme)
- Puderzucker

Die Brandmasse nach Anleitung zubereiten, dann in einen Spritzbeutel mit mittelgroßer Tülle füllen. Auf ein gefettetes und gemehltes Backblech Hälse und ovale Teile spritzen. Bei guter Mittelhitze ca. 20 bis 25 Minuten backen.

Die ovalen Teile sofort quer durchschneiden, auskühlen lassen. Mit Sahne füllen. Oberteile und Hälse aufsetzen, mit Puderzucker besieben.

Mokka-Sekt-Schaum

- 150 g Schattenmorellen
- 4 Eigelb
- 160 g Puderzucker
- 300 ml Sekt
- 4 Esslöffel Instant-Kaffee
- 4 Esslöffel steifgeschlagene Sahne
- etwas Kakao

Die Kirschen in vier Stielgläser verteilen. Eigelb mit Zucker im Wasserbad aufschlagen. Langsam Sekt und Kaffee zufügen und mit aufschlagen. Wenn die Masse dick ist, kalt schlagen und sofort über die Kirschen geben.
Je 1 Esslöffel Schlagsahne aufsetzen, mit Kakao bestäuben und sofort servieren.

Mokkamousse

- 100 g Vollmilch-Schokolade
- 2 Teelöffel Butter
- 2 Esslöffel Kaffee-Konzentrat
- 2 Eier
- 2 Esslöffel Zucker

Schokolade und Butter im Wasserbad bei milder Hitze schmelzen lassen. Ab und zu umrühren, bis die Masse cremig ist. Das Kaffeekonzentrat zugießen (dafür 6 Esslöffel puderfein gemahlenen Kaffee mit 1/8 Liter kochendem Wasser aufgießen, 5 Minuten ziehen lassen und dann filtern). Vom Herd nehmen, alles glatt verrühren und abkühlen lassen. Inzwischen die Eiweiß mit dem Zucker steif schlagen. Die Eigelb in die abgekühlte Schokoladen-Kaffee-Mischung rühren. Diese Masse dann unter den Eischnee heben. In kleine Glasschälchen gießen und mindestens 2 Stunden kühl stellen. Die Portionen sind klein, aber sehr gehaltvoll.

Was ist der Unterschied zwischen Jacobs Kaffee und Kaffeemix?
Jacobs ist die Krönung, Kaffeemix ist der Gipfel.

Habanera-Cocktail

- Eiswürfel
- 2 Tassen Kaffeesahne
- 4 Esslöffel Instant-Kaffee
- 3 Esslöffel Zucker
- 4 Gläschen Rum

Alle Zutaten im Shaker gut schütteln. In vier mit Zuckerrand versehene Cocktailgläser geben und sofort servieren.

Eiskaffee „Kuba“

- 0,8 Liter starker Kaffee
- 4 cl brauner Rum
- 4 cl Mokkalikör
- 200 g Vanilleeis
- 100 ml Schlagsahne
- etwas Puderzucker

Den Kaffee stärker aufgießen als üblich (1 1/2fache Menge an gemahlenem Kaffee verwenden) und kalt stellen. Dann mit Rum und Mokkalikör abschmecken und den Kaffee in Gläser füllen. Danach das Eis mit einem Portionierer oder einem Löffel abstechen und in den Kaffee geben. Zuletzt die sehr steif geschlagene und leicht gezuckerte Sahne darauf setzen.

Holländischer Eiskaffee

- 1 Liter starker Kaffee
- 4 Gläschen Eierlikör
- 4 Esslöffel gehackte Haselnüsse
- 400 g Vanilleeis
- 1/4 Liter steifgeschlagene Sahne
- 1/2 Teelöffel Muskat

Eis, Nüsse, Muskat und die Hälfte der Sahne mit dem Handrührgerät gut vermischen. In vier Gläser verteilen und mit dem abgekühlten Kaffee auffüllen. Die restliche Schlagsahne mit dem Spritzbeutel aufspritzen, den Eierlikör darüber gießen. Mit Trinkhalmen und Löffelchen servieren.

Schoko-Mint-Kaffee

- 3 Tassen starker, kalter Kaffee
- 4 cl Schoko-Mint-Likör
- 2 Teelöffel Zucker
- Minzeblättchen, Eiswürfel

Kaffee, Zucker und Likör gut vermischen. In Gläser über Eiswürfel gießen und je 1 Minzeblättchen auflegen.

Schottischer Kaffee

- 1 Teelöffel Honig
- 1/4 Teelöffel gemahlener Ingwer
- 2 Gläschen Whisky
- 1/8 Liter starker Kaffee

In einer hohen Tasse den Honig mit dem Ingwer verrühren. Den Whisky leicht anwärmen. Kaffee in die Tasse gießen und den Whisky zufügen.

Arabischer Mokka

- 1 Teelöffel feingemahlener Kaffee
- 1/2 Teelöffel gemahlener Kardamom

Kaffee und Kardamom vermischen und 1/16 Liter kaltes Wasser zufügen. Aufkochen lassen, durch ein Sieb gießen und in kleinen Mokkatassen servieren. Sehr heiß und ungesüßt trinken.

Brigadefeiern zu organisieren war eine undankbare Aufgabe. Machen Sie es mal allen recht. Die einen wollen nur irgendwohin und bei Bier und Wodka den Tag verbringen. Für die anderen durfte es durchaus auch ein bißchen Kultur sein und die ganz Unverzagten kamen sogar auf die Idee, gemeinsam zu wandern oder eine Radtour zu unternehmen.

| *Gute Planung und systematische Vorbereitung sind bei jeder Feier wichtig.* *(1973)*

Genau! Etwa schon vergessen, dass gemeinschaftliche Aktivitäten unabdingbar waren für den ökonomisch-kulturellen Leistungsvergleich, liebevoll *Ökulei* genannt. Wie sonst hätte man den Titel *Kollektiv der sozialistischen Arbeit* verteidigen sollen? Und seien wir doch ehrlich, die Arbeitswoche wäre langweilig gewesen ohne Urlaubsrunden, Einstand, Ausstand ... irgendwie mussten ja die Wartezeiten aufs Material überbrückt werden.

Oder die unvermeidliche Kombination von *Subbotnik* und Brigadefeier. Fehlte nur die Losung: *Wir arbeiten und feiern für den Frieden!* Oder gab es die gar? Logisch, dass auch die regelmäßigen Kampfgruppen- und Zivilverteidigungsübungen bei Bier und Bockwurst endeten. War der Feind erst einmal besiegt, konnte man beruhigt zum gemütlichen Teil übergehen.

Na dann, Prost Kollegen!

Brigadefeier

Ausflug ins Grüne

Man soll die Feste feiern wie sie fallen - ohne großen Aufwand, stundenlanges Tafeln und zeitraubende Vorbereitungen.
Die Auszeichnung der Brigade - das ist Grund genug, gemeinsam wieder einmal ein paar Stunden fröhlich zu sein. Wie wär's mit einer Fahrt ins Blaue? Im Gepäck sind gute Laune und ein kleiner Imbiß, der - zu Hause gut vorbereitet und sauber in Alufolie oder Thermosbehälter verstaut - nach einem erholsamen Spaziergang direkt bei „Mutter Grün" verzehrt wird.

1976

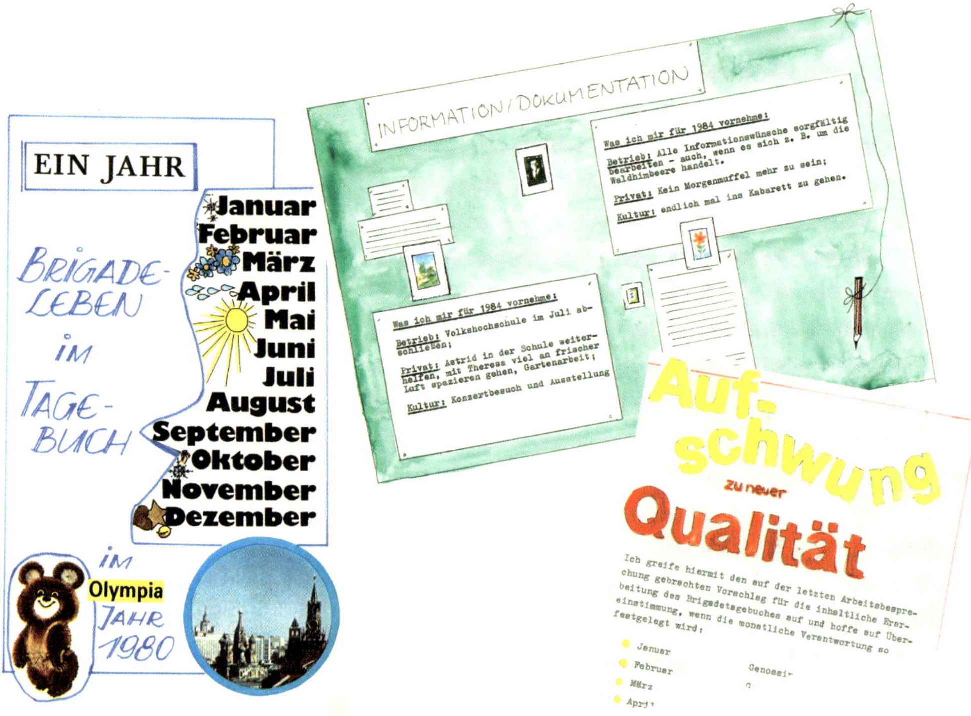

Fett-Topf

- 250 g Speck
- 4 Zwiebeln
- 1 Würfel Schweineschmalz
- 1 Apfel
- frischer Majoran

Den Speck fein würfeln, in einem Topf auslassen, Zwiebel hinzugeben, dann das Schweineschmalz mit auslassen. Den geschälten und entkernten Apfel hineingeben, nach Geschmack mit etwas Majoran würzen.

Wenn das Fett flüssig ist, durch ein Sieb in einen Keramiktopf geben. Einige Speckgrieben zufügen.

Fett schmeckt besonders gut auf frischem Schwarzbrot, dazu gibt es Gewürzgurken und Kümmelkäse oder Harzer Roller.

Kartoffelsalat

- 500 g gekochte und geschälte Kartoffeln
- 1 große Zwiebel
- 1 Gewürzgurke
- 1 Paket Mischgemüse (tiefgefroren)
- 40 g Mayonnaise
- 1/8 Liter Joghurt
- 2 Esslöffel feingehackte Petersilie
- 1 Esslöffel Essig
- etwas Zucker
- Salz, Pfeffer

Die Kartoffeln, die Zwiebel und die Gewürzgurke in Würfel schneiden und mit dem gegarten Mischgemüse in eine Schüssel geben. Eine Soße aus Mayonnaise, Joghurt, Petersilie, Essig, Zucker, Salz und Pfeffer darüber gießen.
Alle Zutaten vorsichtig vermengen.

Unser Tipp: Anstelle von Kartoffeln können auch Teigwaren verwendet werden. Für das echte „DDR-Feeling" empfehlen wir Spirelli oder Hörnchen. 200 g Teigwaren nach Vorschrift bissfest kochen, kalt abspülen und gut abtropfen lassen. Statt der Kartoffeln zum Salat geben.

Statt Mischgemüse können Sie auch Tomaten, Radieschen und Salatgurken für den Salat verwenden.

Um dem hohen Spirituosenverbrauch ohne administrative Maßnahmen entgegenzuwirken, wurde in den letzten Jahren durch den Handel gemeinsam mit der Industrie eine Vielzahl von Aktivitäten durchgesetzt.
Der Anteil von Spirituosen mit niedrigem Alkoholgehalt hat sich spürbar erhöht. Die Räte der Bezirke sind veranlaßt, in den Verkaufsstellen die vordergründige Warenpräsentation von Spirituosen in den Kassenzonen zu unterbinden und in den Schaufenstern einzustellen. Die notwendige Kontrolle zur Durchsetzung dieser Maßnahmen wird gesichert. (1989)

Leckere Schweineschnitzel

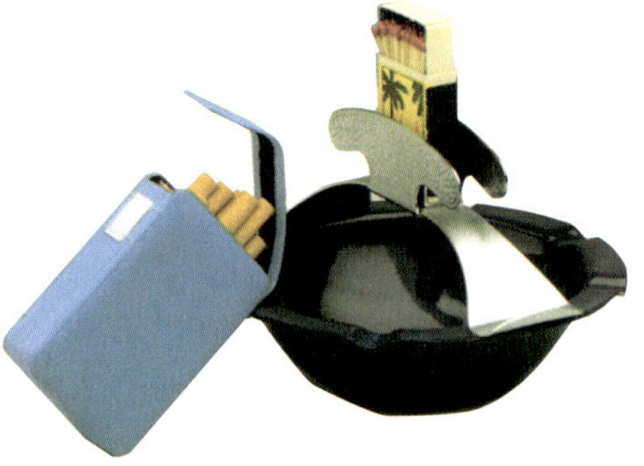

- 4 Schnitzel
- Salz, Pfeffer
- 4 Teelöffel Senf
- 4 Teelöffel Tomatenmark
- 40 g Mehl
- 2 Eier
- 2 Esslöffel Milch
- 8 Esslöffel Semmelmehl
- Öl

Die Schnitzel klopfen, mit Salz und Pfeffer würzen und mit Senf und Tomatenmark bestreichen. In Mehl, den mit Milch verquirlten Eiern und Semmelmehl panieren. Fest andrücken und in heißem Öl auf beiden Seiten knusprig braun braten. Schmecken auch kalt sehr gut.

Kebaptscheta

- 400 g Rindfleisch
- 400 g Schweinefleisch
- 2 Esslöffel Salz
- 4 Esslöffel Pfeffer
- 100 g Öl

Das Fleisch durch die feine Scheibe des Fleischwolfes geben, mit Salz und viel Pfeffer vermengen und kräftig durchkneten. Etwa 5 cm lange und 2 cm dicke Würstchen formen und braten oder grillen.
Dazu Weißbrot und Paprikafrüchte servieren.

Marinierte Broilerbrust

- 4 Broilerbrüste
- 1/2 Liter Hühnerbrühe
- 100 g gemahlene Haselnüsse
- 300 g Vollmilchjoghurt
- 6 bis 8 Teelöffel Currypulver
- 1 Teelöffel Salz
- 3 bis 4 Teelöffel Zitronensaft
- 2 Teelöffel Honig

Hühnerbrühe zum Kochen bringen. Die Broilerbrüste halbieren und in die Brühe geben. Ca. 20 Minuten zugedeckt und ohne weitere Hitzezufuhr ziehen lassen. Haselnüsse mit Joghurt, Curry und Salz in einem Topf unter Rühren aufkochen lassen. Die Masse mit Zitronensaft und Honig abschmecken. Hähnchenbrüste aus der Brühe nehmen, gut abtropfen lassen und auf einem Teller mit der Soße überziehen. Mindestens eine Stunde im Kühlschrank durchziehen lassen.

Anfrage an Sender Jerewan: Kann man in der Schweiz den Sozialismus einführen?
Antwort: Im Prinzip ja; aber es wäre schade um die Schweiz!

Kartoffelchips

- 500 g Kartoffeln
- Ausbackfett
- Salz

Die Kartoffeln schälen, waschen und auf dem Gurkenhobel in sehr feine Scheiben schneiden. In reichlich Fett ausbacken.
Mit Salz bestreuen, warm oder kalt servieren.

Tomaten-Chutney

- 1 kg Tomaten (auch rote und grüne gemischt)
- 1 große Zwiebel
- 1 Knoblauchzehe
- 1 großer Apfel
- 1/3 Liter Weinessig
- 1 Teelöffel Senfkörner
- 1 Teelöffel Pfefferkörner
- 1 Teelöffel Ingwerpulver
- 6 Nelken
- 90 g Rosinen
- 1/2 Teelöffel Salz
- 300 g Zucker

Die Tomaten abbrühen, enthäuten, vierteln. Zwiebel und Apfel schälen, Apfel entkernen, beide grob zerschneiden. Den Knoblauch zerdrücken. Mit der Hälfte des Essigs in einen Topf geben und langsam weichkochen. Den restlichen Essig nach und nach zugießen, alle übrigen Zutaten zugeben und auf kleiner Flamme solange köcheln, bis die Masse dicklich ist wie Konfitüre. In warme Gläser füllen und sorgfältig zubinden.

Stachelbeer-Chutney

- 1 kg feste Stachelbeeren
- 500 g Zucker
- 1 Teelöffel Kümmel
- 1/4 Liter 5%iger Weinessig
- 1 Teelöffel Salz
- 1 bis 2 Knoblauchzehen
- 1/2 Teelöffel Ingwerpulver
- 1 Messerspitze gemahlene Nelken
- 1 Messerspitze gemahlener Zimt
- 1 Messerspitze gemahlener Pfeffer

Den Kümmel mit 1 Tasse kochendem Wasser übergießen und einige Minuten ziehen lassen. Den Essig erhitzen. Darin den Zucker auflösen, dazu die vorbereiteten Stachelbeeren, das abgeseihte Kümmelwasser, die mit Salz zerdrückten Knoblauchzehen und die übrigen Gewürze geben. Alles unter Rühren 20 Minuten kochen lassen. In warme Gläser füllen und sorgfältig zubinden.

Rumfrüchtebowle

- 400 g Rumfrüchte
- 1/2 Liter Saft aus dem Rumtopf
- 2 Flaschen Weißwein
- 1 Flasche Sekt

Die Rumfrüchte, den Saft und 1/2 Liter Weißwein 2 Stunden zugedeckt kühlstellen. Vor dem Servieren den restlichen Wein und den Sekt zugießen.

Übrigens: Ein Rumtopf gehörte in jeden guten DDR-Haushalt.

Karl-Marx-Orden ▪ Stern der Völkerfreundschaft ▪ Vaterländischer Verdienstorden ▪ Held der Arbeit ▪ Hervorragender Genossenschaftsbauer ▪ Verdienter Lehrer des Volkes ▪ Verdienter Arzt ▪ Verdienter Eisenbahner der Deutschen Demokratischen Republik ▪ Verdienter Züchter ▪ Verdienter Erfinder ▪ Verdienter Seemann ▪ Verdienter Bergmann der Deutschen Demokratischen Republik ▪ Banner der Arbeit ▪ Aktivist ▪ Jungaktivist ▪ Verdienter Aktivist ▪ Verdienter Tierarzt ▪ Preis für künstlerisches Volksschaffen ▪ Pestalozzi-Medaille ▪ Lessing-Preis ▪ Verdienstmedaille der Kampfgruppen der Arbeiterklasse ▪ Kunstpreis ▪ Medaille für Kämpfer gegen den Faschismus ▪ Hervorragendes Jugendkollektiv der Deutschen Demokratischen Republik ▪ Clara-Zetkin-Medaille ▪ Scharnhorst-Medaille ▪ Arthur-Becker-Medaille ▪ Abzeichen für gutes Wissen ▪ Sportabzeichen ▪ Lessingmedaille ▪ Goldener Schneemann ▪ Goldene Hausnummer ▪ Kollektiv der sozialistischen Arbeit ...

Es gab sie für und zu jeder Gelegenheit und irgendwann war jeder mal dran. Zum Beispiel zählte die DDR 1984 stolz 278.913 Kollektive der Sozialistischen Arbeit!

Ordenvergabe

25 Jahre DDR

Ein Sprichwort sagt, die Zeit sei ein leeres Gehäuse, es komme darauf an, was wir hinein tun. Wir haben diese Zeit mit viel Arbeit, viel Kampf, viel Anstrengung und - viel Freude gefüllt. Und uns ist um die nächsten 25 Jahre nicht bange ...

1974

Schtschi

- 300 g Zwiebeln
- je 200 g Weißkohl und Karotten
- 100 g Sellerie
- 200 g Porree
- 100 g Schmalz
- 2 Liter Brühe
- 1 Teelöffel gekörnte Brühe
- 400 g Rinderkochfleisch
- Salz, Pfeffer
- 4 Esslöffel saure Sahne

In Scheiben geschnittene Zwiebeln und in Streifen geschnittenen Weißkohl, Sellerie, Karotten und Porree mit Schmalz anschwitzen und mit Brühe auffüllen, dazu das Fleisch geben. Alles garen und das gare Fleisch in Würfel schneiden. Kräftig mit gekörnter Brühe, Salz und Pfeffer abschmecken. Vor dem Anrichten auf jede Portion einen Esslöffel saure Sahne geben. Statt Weißkohl kann auch Sauerkraut und statt Rinderkochfleisch gebratene Ente verwendet werden.

> *Zu unserem Leben im Sozialismus gehört auch eine entsprechende Trinkkultur, welche das Getränk und seine Hersteller durch die kulturvolle und bewußte Art des Trinkens ehrt. Sehr ungern erinnern wir uns dagegen an die Trink-Mißbräuche vergangener Zeiten.* (1972)

Wolga-Bootsmann

- 2 cl Wodka
- 2 cl Kirschlikör
- 2 cl Orangensaft

Wodka, Kirschlikör und Orangensaft im Shaker mit Eis schütteln.

Zrázy à la Nelson

- 100 g Speck
- 50 g Margarine
- 100 g Zwiebeln
- 1 kg Kartoffeln
- 200 g Champignons
- 8 kleine Lendenschnitten
- Salz, Pfeffer
- 2 Glas Rotwein
- 1 Bund Petersilie
- 2 Tomaten

Den Speck in Würfel schneiden und mit der Margarine auslassen, dazu fein gehackte Zwiebeln, kleinwürfelig geschnittene Kartoffeln und geputzte Champignons geben. Obenauf die geklopften und gewürzten Lendenschnittchen legen und unter Verschluss alles garen. Kurz bevor das Gericht gar ist, alles mit etwas Salz und Pfeffer bestreuen sowie mit Rotwein begießen. Die Lendenschnitten werden auf dem Gemisch von Speck, Pilzen, Kartoffeln und Pilzen angerichtet und mit Petersilie und Tomate garniert.

Japanische Geschäftsleute auf DDR-Besuch. Auf die Frage, was ihnen am besten gefallen habe, antworten sie: „Ihre drei wunderbaren Museen: Pergamon, Pentacon und Robotron."

Zabaione Creme

- 4 Eigelb
- 4 gehäufte Esslöffel Zucker
- 8 Esslöffel trockener weißer Wermut
- 1/4 Teelöffel Vanilleessenz

Alle Zutaten im heißen Wasserbad schaumig schlagen. Die Masse muss cremig sein. Entweder warm in angewärmten Stielgläsern servieren oder die Creme über portionsgroße Stückchen Biskuit (fertiger Tortenboden) geben und mit Früchten garnieren.

Eine Einkaufsliste wird die Vorbereitung wesentlich erleichtern. Sie wird zusammengestellt, nachdem man sich darüber geeinigt hat, welche Speisen und Getränke gereicht werden sollen. (1973)

Einkaufsliste II

Gelber Köstlicher: Die Frucht aller Früchte! Der Gemüseladen konnte noch so leer sein, Rotkohl, Weißkohl und *Gelben Köstlichen* gab es immer.
Halberstädter Würstchen: Die „Wiener des Ostens", jeder, der sie *erstand*, war glücklich. Übrigens waren sie weltweit die ersten Würste in der Büchse (1896!).
Im Nu: *Muckefuck* mit seltsamen Geschmack nach Bino-Würze (Maggi) und dem Anspruch, löslicher Kaffee zu sein.
Immergut: Kaffeesahne
Kaffee-Mix: Zwar stand Kaffee drauf, doch selbst beim besten Willen wollte sich der Geschmack danach nicht einstellen; ob mal jemand untersucht, was drin war?
Komet: Eispulver - der ehrenwerte Versuch, die Speiseeisbereitung im heimischen Kühlschrank zu ermöglichen.
Kuko-Reis: Der beste und schnellste Reis der Welt, die Erlösung für jede berufstätige Hausfrau, dicht gefolgt von *Tempo-Linsen* und *Tempo-Bohnen.*
Rotkäppchen: Der Sekt, der die Herzen weckt - zu DDR-Zeiten war das edle Getränk aus Freyburg an der Unstrut heiß begehrt und beinah Gold wert.
Timms Saurer: Wodka mit Zitrone aus dem VEB Schilkin Berlin-Kaulsdorf; das Modegetränk, das tatsächlich nach seinem Erfinder hieß.

Sorbet

- 3 kg verschiedenes Obst (frisch oder aus der Konserve)
- 2 Gläser Weißwein
- Saft von 2 Zitronen
- Staubzucker

Das Obst vorbereiten, waschen und mit etwas Wasser im Mixer passieren.
Den Obstsaft mit dem Weißwein und dem Zitronensaft mischen.
Nach Belieben mit etwas Staubzucker nachwürzen. Das Sorbet eiskalt servieren.

Alttschechische Filetsteaks

- 400 g Zwiebeln
- 200 g Tomaten
- 50 g Margarine
- Salz, Pfeffer
- 3 Tassen Reis
- 6 Tassen Brühe
- 150 g Öl
- 4 mittlere Filetsteaks
- 1 Bund Petersilie
- 1 Kopf grüner Salat

300 g Zwiebeln und Tomaten in Scheiben schneiden und in der Margarine anschwenken, mit Salz und Pfeffer abschmecken. Aus dem Reis, der Brühe, 50 g Öl und den restlichen Zwiebeln (in Würfel geschnitten) Risotto herstellen.

Die Filetsteaks klopfen, mit Salz und Pfeffer würzen und im restlichen Öl braten. Die Steaks auf dem Risotto anrichten, die Tomaten-Zwiebel-Mischung darüber geben und mit Petersilie und Blattsalat garnieren.

Schinkenreis

- 200 g Reis
- Salz
- 50 g Margarine
- 100 g Kochschinken

Den Reis in Salzwasser garen und mit kaltem Wasser abspülen. In der Margarine Schinkenstreifen leicht anbraten, den Reis dazugeben.
Nach Belieben mit etwas Salz abschmecken.

Töltött Káposzta

- 200 g Hackepeter
- 50 g gekochter Reis
- 1 Ei
- 1 Teelöffel Edelsüßpaprika
- 1 Prise Majoran
- 2 Knoblauchzehen
- 100 g Zwiebeln
- 500 g Weißkohl
- 50 g Margarine
- 400 g Sauerkraut
- 50 g Mehl
- 400 g geräucherte Schweinerippchen
- 1/2 Liter Brühe
- 4 Esslöffel Joghurt
- Salz, Paprika

Aus Hackepeter, gekochtem Reis, Ei, Salz, Paprika, Majoran, zerdrücktem Knoblauch und angebratenen Zwiebelwürfelchen eine Masse herstellen. Den Weißkohl blanchieren, 4 Portionen mit der Masse füllen, zusammenrollen und mit Küchengarn binden. Eine gefettete Kasserolle mit einer Schicht Sauerkraut auslegen, mit Salz, Paprika und Mehl bestreuen. Die Kohlrouladen darauf legen, mit den Schweinerippchen umlegen und noch eine Schicht Sauerkraut darüber geben. Nochmals mit Paprika und Salz bestreuen und mit Brühe auffüllen. Alles unter Verschluss garen.

Je Person 1 Portion Sauerkraut, 1 Kohlroulade und 1 Portion Rippchen anrichten. 1 Esslöffel Joghurt darüber geben.

Unser Tipp: Zu diesem ungarischen Gericht schmecken Salzkartoffeln.
Aber auch in Knoblauchbutter geröstete Weißbrotscheiben sind eine gute Ergänzung.
Dazu einen nicht zu süßen Tokaier oder kühles Bier servieren.

Über vieles wäre noch zu berichten:

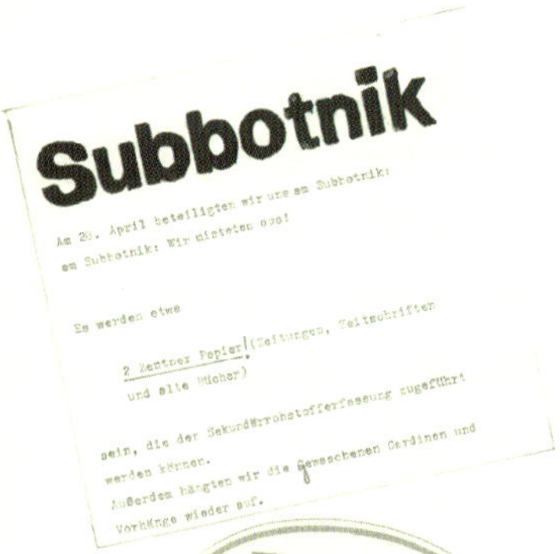

- Weihnachten (Jahresabschlussfeier!)
- Silvester
- Himmelfahrt (als Feiertag zwar abgeschafft, als Herrenpartie unausrottbar)
- Ostern und Pfingsten
- Richtfest und Einzug
- Volksfest
- Feuerwehrfest
- 1. Mai (Internationaler Kampf- und Feiertag der Werktätigen)
- Republikgeburtstag (7. Oktober, auch als Nationalfeiertag der DDR bekannt)
- Freundschaftstreffen
- Besuch der Patenbrigade
- Planerfüllung
- Pressefest
- Urlaubsrunde
- Sommernachtsball

... lassen wir es gut sein! Schluss mit der ständigen Feierei. Blicken wir noch einmal in den Kalender, was alles machbar wäre und dann „Tschüß" - ganz im Sinne des bekannten Spruches:

...der Letzte macht das Licht aus!

DEUTSCHE
DEMOKRATISCHE
REPUBLIK
REISEPASS

10
DDR
Immer rechtzeitig orientieren
VERWALTUNG
Unser Motto:
"Keiner weiß Bescheid ---
- aber alle machen mit!"
HUNDERT
MARK
100
FÜNFZIG
MARK
50

Januar

- Neujahr

> *Was ich im Neuen Jahr tun will? Meine Arbeit so gut wie möglich zu machen, mir Mühe zu geben, um auch ab und zu fröhlich zu sein. Was ich vermeiden will? Bockmist zu bauen.*
> *(Aus einem Brigadetagebuch, 1984)*

Februar

- Tag der Zivilverteidigung
- Tag der Mitarbeiter des Handels
- Tag der Werktätigen des Post- und Fernmeldewesens

März

- Tag der Nationalen Volksarmee (1. 3.)
- Internationaler Frauentag (8. 3.)
- Internationaler Tag für die Beseitigung der Rassendiskriminierung (21. 3.)
- Welttag der Meterologie

> *Treffen sich zwei Schneeflocken. Sagt die eine zur anderen: „Komm, laß uns in die DDR fliegen und Chaos verbreiten."*

- Welttheatertag (27. 3.)

April

- Weltgesundheitstag (7. 4.)
- Tag des Metallarbeiters
- Internationaler Tag der Luft- und Raumfahrt (12. 4.)
  (Erster bemannter Weltraumflug mit J. A. Gagarin)

> *Unser Fliegerkosmonaut Sigmund Jähn ist zum Direktor aller Centrum-Warenhäuser berufen worden. - Ja wieso denn? - Er kennt sich aus im luftleeren Raum!*

- Internationaler Denkmaltag (18. 4.)
- Internationaler Tag der Jugend und Studenten gegen Kolonialismus und für friedliche Koexistenz (24. 4.)
- Welttag der Partnerstädte

Im März/April wurde außerdem Ostern gefeiert, daran änderte auch der Sozialismus nichts.

Mai

- Internationaler Kampf- und Feiertag der Werktätigen (1. 5.)

__Losungen__: Mein Arbeitsplatz - Mein Kampfplatz für den Frieden • Jeder liefert jedem Qualität • Meine Hand für mein Produkt • Arbeite mit - Plane mit - Regiere mit • Arbeitszeit ist Leistungszeit

- Tag der Befreiung vom Hitlerfaschismus (8. 5.)
- Welttag des Roten Kreuzes (8. 5.)
- Weltfernmeldetag (17. 5.)
- Internationaler Museumstag (18. 5.)
- Tag der Jugendbrigaden

Außerdem fielen in diese Jahreszeit Himmelfahrt und Pfingsten.

Juni

- Internationaler Tag des Kindes (1. 6.)
- Weltumwelttag (5. 6.)
- Tag des Lehrers (12. 6.)
- Tag der Werktätigen der Wasserwirtschaft
- Tag des Eisenbahners und der Werktätigen des Verkehrswesens
- Tag des Bauarbeiters
- Tag der Genossenschaftsbauern und Arbeiter der sozialistischen Land- und Forstwirtschaft

Juli

- Tag der Deutschen Volkspolizei (1. 7.)

Das Ministerium des Inneren hat mit Schreiben vom 20. Januar folgendes Verbot ausgesprochen, das wir genauestens zu beachten bitten, da ein Verstoß die unmittelbare Schließung des Geschäftes zur Folge haben kann.
1.) Alkohol darf nur in Gläsern ausgeschenkt werden.
2.) Es dürfen keine alkoholischen Getränke ausgeschenkt werden, wenn der Angehörige der VP bereits angeheitert ist.
3.) Gegen Pfand, Kredit oder „Anschreiben" dürfen gründsätzlich keine alkoholischen Getränke ausgegeben werden. (Alkohol-Ausschank an Angehörige der Volkspolizei in Uniform, 1953)

- Tag des Bergmanns und des Energiearbeiters

August

Ferien, da wurde zwar viel gefeiert, aber es gab keine offiziellen Feiertage.

September

- Weltfriedenstag (1. 9.)
- Internationaler Tag der Alphabetisierung (8. 9.)
- Gedenktag für die Opfer des faschistischen Terrors und Kampftag gegen Faschismus und imperialistischen Krieg
- Tag der Werktätigen des Bereichs der haus- und kommunalwirtschaftlichen Dienstleistungen

Oktober

- Weltmusiktag (1. 10.)
- Tag der Republik (7. 10.), Nationalfeiertag der DDR
- Weltposttag (9. 10.)
- Tag der Seeverkehrswirtschaft / Weltschifffahrtstag (13. 10.)
- Welternährungstag (16. 10.)
- Tag der Werktätigen der Leicht-, Lebensmittel- und Nahrungsgüterindustrie

November

- Tag der Großen Sozialistischen Oktoberrevolution (7. 11.)

Ist der Sozialismus von Wissenschaftlern oder von Politikern erfunden worden? Natürlich von Politikern! Wissenschaftler hätten erst Tierversuche gemacht.

- Weltjugendtag (10. 11.)
- Internationaler Studententag (17. 11.)
- Tag des Metallurgen
- Tag des Chemiearbeiters

Dezember

- Tag der Grenztruppen der DDR (1. 12.)
- Tag des Gesundheitswesens (11. 12.)
- Pioniergeburtstag (13. 12.)

Weihnachten und Silvester

Unentbehrliches Vokabular

- *Amiga* — Schallplattenname für alles was mit Schlager, Pop, Rock usw. zu tun hatte. Einheitspreis: 16,10 Mark, egal ob Frank Schöbel oder Udo Lindenberg.

- *Aktivist der sozialistischen Arbeit* — Auszeichnung für alle, die am Arbeitsplatz, ihrem Kampfplatz für den Frieden, die Leistungen brachten, für die sie bezahlt wurden.

- *Ausbauwohnung* — Ziemlich marode Altbauwohnung, die nicht mehr im Wohnungsvergabeplan auftauchte und bei der alle sich freuten, wenn sie einer nahm und wohnlich ausbaute.

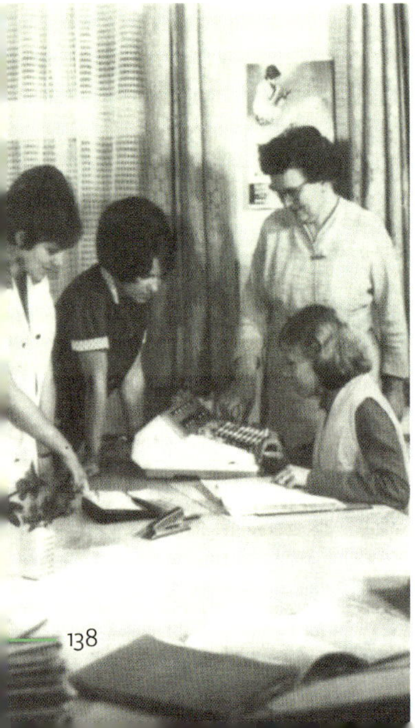

- *Babyjahr* — Bezahlte Freistellung vom Arbeitsplatz für Mamis (wahlweise Papis), gab es ab Mitte der 70er Jahre, sorgte für viel Nachwuchs.

- *Bedarfslücke (auch Versorgungslücke)* — Gängige Umschreibung dafür, dass der sozialistische Handel mal wieder einen Kundenwunsch nicht erfüllen konnte.

- *Bevölkerungsbedarf* — Gemeinhin alle Konsumgüter, die der DDR-Bürger gern gehabt hätte, aber nur unter bestimmten Voraussetzungen bekam (siehe auch *Bückware, Konsumgüterproduktion, Wartegemeinschaft*).

- *Brigadetagebuch* — Kultur pur. Handgeschriebenes und illustriertes Dokument sozialistischen Kollektivlebens von Planerfüllung bis Theaterbesuch, von Brigadeausflug bis Eingabe an die übergeordnete Gewerkschaftsleitung: *warum gibt es in der Mittagspause bereits ab 11.15 Uhr in der Kantine keine belegten Brötchen mehr?*

- *Bückware* — Teile des *Bevölkerungsbedarfes*, die ausschließlich unter dem Ladentisch gelagert und für Verwandte sowie Freunde und gute Bekannte aufgehoben wurden.

- *Datsche* — Bungalow, Wochenendgrundstück; nicht zu verwechseln mit der Laube im Gartenverein.

- *Delikatladen* — *Walter-Ulbrichts-Wucherbude*, hier gab es manches, was es anderswo nicht gab: Döbelner Salami und Ananas zum Beispiel oder auch mal einen Import aus dem *NSW.*

- *Drüben* — Aus DDR-Sicht immer der „Westen", sozusagen das unerreichbare Paradies auf Erden. Die Führung kannte die Sehnsucht der Massen und gab die Losung aus: *Überholen ohne Einzuholen.*

- *Eingabe* — Allheilmittel in allen Lebenslagen, egal was immer nicht funktionierte, mit einer Eingabe konnte man nichts falsch machen.

- *Engpaß* — Versorgungslücke

- *Exquisit* — Das modische Pendant zum Delikat

- *Forumscheck* — Als das Land Devisen brauchte, kassierte es die Zuwendungen der Westverwandtschaft an die Brüder und Schwestern im Osten direkt ein und gab dafür jene Schecks aus, die zum Einkauf im *Intershop* berechtigten. Handwerker pflegten immer die Frage zu stellen: *Forum geht's?*

- *Frauenruheraum* — Gab es in jedem Betrieb, egal ob groß oder klein, da seine Einrichtung Vorschrift war; hier sollten die werktätigen Frauen Gelegenheit finden, genau das zu tun, was schon der Name besagte: sich ausruhen (wurde oft zweckentfremdet).

- *Genex* — Handelsfirma, über die DDR-Bürger mit Valutaeinkommen (alle, die im Ausland arbeiteten zum Beispiel, sei es als Diplomat oder an der Trasse) Waren kaufen konnte, die ansonsten unter Engpaß oder Bückware eingeordnet wurden. z.B. Autos, Möbel, Fernseher. Auch durften die Verwandten im Westen hier für die armen Brüder und Schwestern im Osten Bestellungen tätigen.

- *Gestattungsproduktion* — Beginnend in den 80er Jahren wurden in verschiedenen Betrieben der DDR *Westprodukte* hergestellt, von Schokolade bis Jeans. Ein Teil hiervon konnte im *Exquisit* bzw. *Delikat* verkauft werden; diente der Devisenerwirtschaftung.

- *Glitzer Stampis* — Es gab sie nur im Westen, diese Objekte kindlicher Begierde, die Dank freigebiger Verwendung von Flitter so herrlich glitzerten. Leider schlugen alle Versuche fehl, dies mit Zucker (wer hatte nur als erster die Idee?) zu imitieren.

- *GST-Lager* — GST - Gesellschaft für Sport und Technik - ob Modellbau, Segelflug, Fallschirmspringen oder vormilitärische Ausbildung im Studium (GST-Lager) hier wurde jeder fündig, dem die Arbeitsgemeinschaften (AG) nicht genügend Nervenkitzel boten.

- *Hauptstadt der DDR* — Berlin Ost - wer hier nicht wohnte, wollte wenigstens einmal im Monat eine Dienstreise zum Einkaufen.

- *HO* — Handelsorganisation - vereinigte *Kaufhallen*, Gaststätten, Warenhäuser und so manches mehr; zentral konnte man den Mangel besser verwalten.

- *Intershop* — Wer Westgeld oder *Forumschecks* hatte, konnte hier alles kaufen, was es auch im *Westen* gab, originalverpackt und manchmal gestattungsproduziert.
  Wo ein Genosse ist, ist ein Weg ... und was ist, wo viele Genossen sind? Der Intershop!

- *Jahresendprämie* — Leistungsanreiz, der irgendwann zum 13. Monatsgehalt wurde.

- *Jahresabschlußfeier* — Weihnachtsfeier in den Betrieben

- *Jugendmode* — Spezielle Geschäfte, die ab den 70er Jahren *jugendgemäße Kleidung* anboten, z. B. *Goldfuchs-Jeans* aus DDR-Produktion; weshalb die sich Jeans nennen durften, wusste keiner.

Jugendtanz

Disco

Was gehört zu einer Disco? Die Verantwortlichkeit der FDJ-Leitung für das Niveau der Veranstaltung; die Ausbildung der Disko-Sprecher über den Rahmen der Arbeitsgemeinschaft hinaus in Bezirks- und Kreiskabinetten für Kultur; die Einhaltung der Diskothekenordnung Nr. 1 vom 15. 8. 1973 und Nr. 2 vom 24. 5. 1976: Spiele nur Musik von Tonträgern, die laut diesen Verordnungen genehmigt sind. (1977)

Kaufhalle

Der sozialistische Supermarkt - von Rostock bis Suhl sahen alle gleich aus, waren gleich eingerichtet und hatten das gleiche Angebot an *Waren des täglichen Bedarfs (Wtb).*

KIM

Lieferte Eier und Hühner (Broiler) gleichermaßen und zwar *köstlich immer marktfrisch* aus dem Kombinat Industrielle Mast.

Kinderkombination

Kinderkrippe (1-3) und Kindergarten (ab 3 bis Schule) unter einem Dach.

Kollektiv der sozialistischen Arbeit

Ehrentitel, den Arbeitskollektive gern Jahr für Jahr verteidigen durften; dabei ging es um Arbeitsleistungen und das *kulturvolle Miteinander* der Kollektivmitglieder, das ganze hieß sozialistischer Wettbewerb und lief von selbst.

Konsum

Hier gab es auch nichts anderes als in der HO, dafür aber Konsummarken (Rabattmarken).

Konsumgüterproduktion

Um den *Bevölkerungsbedarf* zu „decken", wurde auf einem Parteitag beschlossen, dass alle Betriebe auch Konsumgüter zu produzieren hätten; so stellten Anlagenbauer Teewagen her, andere züchteten Nelken oder sorgten für Rasierapparate.

Mach-mit-Wettbewerb

Allheilmittel für beinah jedes Problem: *Mach mit, mach's nach, mach's besser* warb Addi im Kinderfernsehen; *Schöner unsere Städte und Gemeinden - mach mit*, prangte es über allen Dorfstraßen; *Vorwärts zu neuen Erfolgen* - alle machten immer mit!

Malimo

DDR-eigene Stoffentwicklung von Mauersberger, Limbach-Oberfrohna, dominierte bald alles vom Geschirrtuch über die Gardine bis zum Bademantel, von der Tischdecke bis zum Tageskleid.

- *Mauer* — Der „*Antifaschistische Schutzwall*" quer durch/rund um Berlin
- *NSW* — Nichtsozialistisches Wirtschaftsgebiet, alles westlich des *Antifaschistischen Schutzwalles*, wobei „westlich" in der DDR alles einschloss, was nicht zu den *sozialistischen Bruderländern* gehörte, egal, ob es nun nördlich oder südlich lag; Sehnsuchtsziel aller *Reisekader*
- *Plansilvester* — Tag der Planerfüllung, meist irgendwann im Herbst
- *Protokollstrecke* — Die Erfindung an sich: wenn die Partei- und Staatsführung nicht umhin kam, durch das Land zu reisen, dann auf vorgeschriebenen Wegen, kenntlich daran, dass alle Häuser bis zur 1. Etage verputzt und gestrichen waren ... höher konnte man vom Auto aus nicht sehen.
- *Reisekader* — Ausgewählter Personenkreis, der aus *dienstlichen Gründen* ab und an ins *NSW* reisen durfte.
- *Russenmagazin* — Läden mit russischen Waren, meist auf dem Gelände der Kasernen; neben süßer Schokolade und gezuckerter Kondensmilch gab es hier auch Pilze in Büchsen, Kaviar und Krimsekt.
- *Sozialistische Bruderländer* — Eigentlich alle sozialistischen Länder sozusagen von China bis Kuba, aber andererseits irgendwie auch nur die Mitgliedsländer des Rates für *Gegenseitige Wirtschaftshilfe* (RGW), auch als *Sozialistische Staatengemeinschaft* bekannt.
- *Sozialistischer Wettbewerb* — Ein Wettbewerb, in dem *alle miteinander für die gemeinsame Sache* um bessere Leistungen am Arbeitsplatz und anderswo kämpften; die am besten ihre *Taten für Frieden und Sozialismus* abrechneten, wurden *Kollektiv der sozialistischen Arbeit* (also eigentlich alle).
- *Subbotnik* — Freiwillige gemeinschaftliche Arbeit in allen Bereichen (vom russischen *subbota* - Samstag)
- *Wartegemeinschaft, sozialistische* — Schlange vor jedwedem Laden, die sich immer dann bildete, wenn es etwas gab, das alle wollten: Brötchen, Bananen, Schinken, Rouladen, Wegwerfwindeln ...
- *ZV-Lager* — ZV - Zivilverteidigung; hier lernte man, sich vor dem Feind zu schützen und fuhr zum Beispiel vor Studienbeginn ins Ausbildungslager (u. a. Rotes-Kreuz-Kurs und Brandbekämpfung); der ZV oblag auch der Katastrophenschutz.

Verlag und Autorin bedanken sich bei allen, die private Fotos, Erinnerungen und Dokumente zur Verfügung gestellt haben. Dass ihr für uns in euren Fotokisten gewühlt habt, wissen wir zu schätzen. Danke auch für die diversen „Brigadetagebücher", aus den Zeiten „sozialistischer Kollektive", die sich in mehrfacher Hinsicht als Fundgrube erwiesen. Danke vor allem für all die netten Geschichtchen und Geschichten! Leider hat das Buch nur 144 Seiten.

Zitate, Rezepte und verschiedene Fotos wurden aus Publikationen des Verlages für die Frau aus den Jahren 1950 - 1989 entnommen (Kochbücher, Backbücher, Ratgeber und Sonderhefte), einige entstammen Zeitdokumenten, andere haben wir in alten Tageszeitungen und Illustrierten gefunden. Da dies ein Feier- und Kochbuch ist, das augenzwinkernd erinnern will, ersparen wir uns an dieser Stelle lange Quellenangaben.

Rezepte von A bis Z